Jörg Middendorf

Selbstcoaching in Konflikten

Strategien für erfolgreiche Konfliktlösungen

Jörg Middendorf

Selbstcoaching in Konflikten

Strategien für erfolgreiche Konfliktlösungen

Bibliografische Information der Deutschen Nationalbibliothek

Die Deutsche Nationalbibliothek verzeichnet diese Publikation
in der Deutschen Nationalbibliografie; detaillierte bibliografische
Daten sind im Internet über http://dnb.d-nb.de abrufbar.

ISBN 978-3-86936-342-4

Umschlaggestaltung: Martin Zech Design, Bremen I www.martinzech.de
Umschlagillustration: micahbowerbank/fotolia
Satz und Layout: Lohse Design, Heppenheim I www.lohse-design.de
Druck und Bindung: Salzland Druck, Staßfurt

www.gabal-verlag.de
www.twitter.com/gabalbuecher
www.facebook.com/gabalbuecher

Inhalt

5   Die sachliche Ebene **102**
*... ist das, worum wir uns oft gerne ausschließlich
kümmern würden. Als (Selbst-)Coach wissen Sie
allerdings schon, dass dies zu kurz gesprungen wäre.
Dennoch brauchen Sie auch im Selbstcoaching die
geeigneten Werkzeuge zur handwerklichen Klärung
der Situation, und diese finden Sie hier.*

6   Das Klärungsgespräch **129**
*... ist natürlich eines der wichtigsten Handwerks-
zeuge zur Konfliktklärung. Und da es sogar ein ganz
zentrales Werkzeug ist, werden Sie als Coach in
eigener Sache zuerst ein tiefes Verständnis der Kommunikation zwischen zwei Menschen erlangen,
bevor Sie eine pragmatische Anleitung zum Aufbau
eines solchen Gesprächs kennenlernen.*

7   Wenn nichts mehr geht – Die Mediation **152**
*... wird für uns als Selbstcoaches dann relevant,
wenn wir uns nicht mehr am eigenen Schopf aus
dem Schlamassel ziehen können. Ein guter Coach
weiß nämlich auch, wann seine Möglichkeiten
erschöpft sind und welche Alternativen es gibt.*

1 Einleitung

Wie kommt der Müller eigentlich dazu, mir Aufgaben zuzuteilen, der ist doch nicht mein Chef! Wieso soll ich eigentlich immer die langweiligen Auswertungen machen? Kann das nicht auch mal meine Kollegin übernehmen? Wieso muss ich immer abends bei den Kindern bleiben und mein Mann darf zum Sport? Immer lässt der Nachbar seinen Hund an meine Hecke pinkeln! Ich weiß genau, dass die Ingrid sich hinter meinem Rücken über mich lustig macht …

Konflikte zwischen Menschen hat es immer gegeben und wird es immer geben. Das mögen die einen bedauern und andere mögen es als gegeben hinnehmen. Manche Konfliktmanagementbücher wollen uns sogar verkaufen, dass Konflikte etwas Gutes sind (was sie vielleicht ja sogar wirklich sind). Durch Konflikte sollen neue Potenziale eröffnet und neue Wege beschritten werden. Viele Menschen, auf der anderen Seite, versuchen Konflikte, wo es irgendwie geht, zu vermeiden, da sie mit Ärger, Kummer, Schmerz oder unfruchtbaren Diskussionen verbunden sind. Und so kennt auch die Welt der Sprichwörter die beiden Seiten des Konfliktes:

Konflikte sind Bestandteil unseres Lebens

„Die Wahrheit wird im Streit geboren."

(GEORGISCHES SPRICHWORT)

oder

„Lieber magere Eintracht als dicker Streit."

(FINNISCHES SPRICHWORT)

Wenn wir unsere eigenen Erfahrungen mit Konflikten betrachten und uns durch den Kopf gehen lassen, so werden wir sicherlich für die eine wie auch für die andere Position gute

Auf der sachlichen Ebene

Beispiele und Belege finden. Konflikte haben eben das Potenzial für beides: Eröffnung neuer Wege und Einsichten sowie Verletzung der eigenen Empfindungen und der Empfindungen anderer. Konflikte an sich sind also weder gut noch schlecht – sie sind erst einfach einmal da. Sie zeichnen sich durch einen Zustand aus, dem wir nicht ohne Weiteres aus dem Weg gehen können oder wollen und den wir ändern möchten. Bei jedem Konflikt geht es also auch immer um ein Thema oder eine Sache, die so geändert werden soll, dass ein gewünschter Zustand erreicht wird. Und damit haben wir dann auch schon den ersten Bestandteil, wenn auch nicht den wichtigsten, für die Lösung eines Konfliktes: die sachliche Ebene. Interessanterweise kann es durchaus sein, dass die Sache, also der unerwünschte Zustand, schon länger existiert oder gar nicht von allen Beteiligten als problematisch wahrgenommen wird. So sollte es vielleicht einen Konflikt geben, aber es gibt ihn nicht … Es gibt ihn deshalb nicht, weil Konflikte nicht durch die Situation an sich entstehen, sondern immer im Kopf einer Person beginnen.

„Nicht die Dinge selbst, sondern die Meinungen von den Dingen beunruhigen den Menschen."

EPIKTET (GRIECHISCHER PHILOSOPH DER ANTIKE)

Auf der persönlichen Ebene Erst wenn jemand einen Konflikt, welcher Art auch immer, wahrnimmt, besteht dieser Konflikt. Dies ist auch der Fall, wenn eine zweite in die Situation involvierte Person noch gar nichts von einem Konflikt ahnt. Ein Konflikt beginnt also immer im Kopf einer Person. Und analog zum Beginn eines Konfliktes kann man auch sagen: Ein Konflikt endet immer im Kopf einer Person. Dabei ist das Wort Kopf nicht gleichzusetzen mit dem Begriff Verstand. Das Gegenteil, wenn man so möchte, ist eher der Fall. Eine zentrale Rolle in Konflikten ist die emotionale Bewertung der Situation. Daher werden wir uns auch intensiv mit der Rolle und auch mit dem Management unserer Emotionen und dem Einwirken auf die Emotionen unseres Gegenübers beschäftigen. Damit haben wir nun auch das zweite Element für die erfolgreiche Konfliktlösung: die persönliche Ebene.

Neben der Sache und unserer Person mit all den Emotionen und Lösungsstrategien gibt es natürlich noch jemand anderen. Unser Gegenüber! Jeder Konflikt findet in einem sozialen Kontext statt. Selbst der innere Konflikt hat eine soziale Komponente, da unsere Entscheidungen über unser Handeln in der Regel auch Auswirkungen auf unsere Umgebung haben. Doch wir gehen in diesem Buch nicht vom inneren Konflikt aus oder (was das andere Ende der sozialen Dimension wäre) von einem Konflikt zwischen Staaten oder Kulturen, sondern wir beziehen uns in diesem Buch auf einen Konflikt mit einer anderen Person oder einer kleinen Gruppe. Und dies ist dann auch schon der dritte Bestandteil unserer Konfliktlösung: die soziale Ebene. Zu allen drei Ebenen werden Sie Wege kennenlernen, die es Ihnen erlauben, den vorliegenden Konflikt zu lösen und ein angestrebtes Ziel zu erreichen.

Auf der sozialen Ebene

Und das ist auch das Ziel des Buches: Es soll Sie durch die Möglichkeiten des Selbstcoachings darin unterstützen, einen bestehenden Konflikt zu lösen. Als gelöst kann man einen Konflikt dann ansehen, wenn die Situation, die von Ihnen als Konflikt definiert wurde, so verändert werden konnte, dass Sie mit der Situation zufrieden sind. Dazu gilt es in der Regel, eine Lösung in der Sache, im sozialen Kontext und vor allem auch auf Ihrer persönlichen, emotionalen Ebene zu erreichen.

Ziel des Buches

Ist denn jeder Konflikt so lösbar? Nein, nicht jeder Konflikt ist so lösbar. In Konfliktmanagementseminaren werden wir immer wieder nach dem ultimativen Weg zur Konfliktlösung oder dem entscheidenden Trick zur Konfliktlösung oder -vermeidung gefragt. Doch muss man feststellen, dass es die hundertprozentige Erfolgsquote in der Konfliktlösung nicht gibt.

Konflikte auf der ganzen Welt (auch zwischen Staaten) belegen dies täglich und eindrücklich. Auch in Konflikten zwischen zwei Personen gibt es durchaus nahezu ausweglose Situationen. Dies sind dann allerdings in der Regel bereits hoch eskalierte Konflikte, die wahrscheinlich zu einem früheren Zeitpunkt hätten gelöst werden können. Leider standen den Konfliktparteien zu diesem Zeitpunkt aber nicht die passenden Mittel zur Verfügung, den Konflikt zu lösen, sodass die Eskalation weiter voranschritt. Wir können für unsere Zwecke vier Stadien des Konfliktes unterscheiden:

Der latente Konflikt Der *latente Konflikt*: Ein Konflikt in der Sache ist vorhanden und mindestens einer der Konfliktparteien schon bewusst. Allerdings ist der Konflikt selbst noch nicht für alle Parteien sichtbar.

Der sichtbare Konflikt Der *sichtbare Konflikt*: Der Konflikt wird von den beteiligten Personen wahrgenommen und Positionen werden ausgetauscht. Die Atmosphäre ist in der Regel belastet.

Der verfestigte Konflikt Der *verfestigte Konflikt*: Die Positionen sind jeder Seite deutlich, rationale Argumente wurden ausgetauscht, aber nicht in letzter Konsequenz akzeptiert. Der Umgang wird zunehmend emotionaler und auch taktischer. Es bilden sich eventuell Unterstützungsgruppen.

Der entgleiste Konflikt Der *entgleiste Konflikt*: Die sachliche Ebene spielt keine wesentliche Rolle mehr. Die Konfliktparteien und deren Unterstützer greifen sich gegenseitig persönlich an. Das Ziel hat neben der konstruktiven Seite (Erreichen eines gewünschten Zustandes) nun auch eine deutlich destruktive Seite (Schädigen der Gegenseite) hinzugewonnen.

Zwischen diesen Stadien gibt es fließende Übergänge. So kann jede Aktion und jede Neubewertung der Situation innerhalb eines Konfliktes zu einer Bewegung in Richtung Eskalation oder auch Deeskalation führen. Lösungen, die Sie mithilfe dieses Buches erreichen können, beziehen sich auf Konflikte der Stadien eins bis drei. Ziel jeder Übung ist es, ein wenig in die Waagschale der Deeskalation zu legen. Das bedeutet jedoch nicht, dass man sein Ziel aus dem Auge verlieren sollte – diese Deeskalation wäre dann zu teuer erkauft. Ziel des gesamten Buches ist es, Sie durch Methoden des Selbstcoachings zu unterstützen, den Konflikt auf der persönlichen, der sachlichen und der sozialen Ebene zufriedenstellend zu lösen.

Piktogramm
für Übung

Bei dieser Gelegenheit sei auch gleich gesagt, was dieses Buch nicht möchte: Wir werden uns nicht lange mit der akademischen Seite des Konfliktmanagements befassen. Wir verzichten daher auf eine Definition von Konflikt, verschiedenen Konfliktarten, möglichen gesellschaftlichen oder biologischen Ursachen usw. Wer sich für diese Art Analyse eines Konfliktes interessiert, wird bei Wikipedia unter dem Suchbegriff Konflikt alles Wesentliche finden – das muss hier nicht noch einmal wiederholt werden. In diesem Buch finden Sie dagegen konkretes Werkzeug für eine umfassende Konfliktlösung durch Selbstcoaching. Daher ist es auch ein Arbeitsbuch, welches am besten zusammen mit einem Stift und einem Notizbuch durchgearbeitet wird. Dieses Notizbuch ist im Moment noch leer und sollte sich während der Bearbeitung des Buches langsam, aber sicher mit vielen hilfreichen Ideen, Gedanken und Strategien zur Lösung des Konfliktes füllen. Das Aufschreiben Ihrer Gedanken, Erkenntnisse und nächsten Schritte ist dabei von großer Wichtigkeit. Durch das Schreiben setzen sich die Ideen in Ihrem Kopf in ganz anderer Qualität fest, als das durch reines Lesen oder Überlegen möglich wäre. Der US-amerikanische Sozialpsychologe Robert Cialdini nennt das schriftliche Festhalten von Erkenntnissen und Ansichten nicht umsonst eine „magische Handlung", da dies nachhaltig die Überzeugungen von Menschen beeinflussen kann (was übrigens gerne bei Preisausschreiben für Werbezwecke genutzt wird). Und darum geht es ja auch beim Selbstcoaching: Sie sollen sich nachhaltig

**Ihr Erfolg
ist das Ziel**

Piktogramm
für Arbeit mit
dem Notizbuch

selbst so beeinflussen, dass Ihr Verhaltensrepertoire größer und in Bezug auf eine bestimmte Fragestellung erfolgreicher wird.

Das bedeutet, dass das Ziel des Buches am besten dann erreicht wird, wenn man aktiv mit dem Buch arbeitet, die Übungen durchführt, seine Erkenntnisse schriftlich festhält und die gewonnenen Einsichten in der Praxis ausprobiert.

In diesem Sinne freue ich mich auf eine anregende und erfolgreiche Zusammenarbeit!

Jörg Middendorf   Januar 2012

2 Das Rüstzeug – Was ist Selbstcoaching?

Ziel

Dieses Kapitel soll Sie mit den inhaltlichen und methodischen Grundlagen für das Selbstcoaching in Konflikten vertraut machen.

Nutzen

Sie gewinnen ein besseres Verständnis für Möglichkeiten und Grenzen des Selbstcoachings und lernen, einen Konflikt frühzeitig zu erkennen und anzusprechen. Außerdem lernen Sie die methodischen Grundlagen für die Praxisübungen im Buch kennen, sodass Sie diese so erfolgreich wie möglich umsetzen können.

Kernpunkte

▶ Selbstcoaching ist eine besondere Form der Reflexion, die fünf zentrale Aspekte umfasst: Annehmen, Verstehen, Planen, Handeln und Abschließen.

▶ Neurolinguistisches Programmieren ist ein Kommunikationsansatz, der dazu geeignet ist, andere Menschen besser zu verstehen und Veränderungen bei sich selbst anzustoßen. Die Grundlagen dieses Ansatzes bilden den Rahmen für die meisten Übungen in diesem Buch.

▶ Je frühzeitiger ein möglicher Konflikt angesprochen wird, desto einfacher ist er in der Regel zu lösen. Dazu ist es wichtig, auf Konfliktsignale angemessen reagieren zu können.

2.1 Was ist Selbstcoaching und was kann es leisten?

Sie haben sich also entschlossen, Ihre Konfliktkompetenz durch Selbstcoaching zu steigern. Damit haben Sie dann schon den ersten entscheidenden Schritt getan: Sie sind aktiv geworden! Die eigene, selbstgesteuerte Aktivität ist der Kern eines jeden Selbstcoachings, welches folgende Aktivitäten umfasst:

- die zielgerichtete und zeitlich begrenzte Reflexion und Aktion mit Blick auf einen angestrebten Zustand,
- die Betrachtung der eigenen Person, mit allen Fähigkeiten und Möglichkeiten sowie den eigenen Emotionen,
- die Einbeziehung des relevanten sozialen Kontexts in das eigene Denken und Handeln,
- die Erweiterung der eigenen Verhaltens- und Erlebensvielfalt mit Blick auf das zu erreichende Ziel.

Handeln Sie! Dabei zeichnet sich Selbstcoaching durch eine Vielzahl an Methoden aus, die es uns ermöglichen, eine zusätzliche Perspektive einzunehmen und zu neuen Erlebnissen zu kommen – denn Reflexion ist zwar gut und schön, doch verändert sich nur etwas durch Handeln. Wenn jemand also ein Buch zum Thema Konfliktmanagement kauft, mit dem Ziel, dass sich durch geschickte Tricks sein Konfliktpartner ändern soll, dann hätte dieser jemand sich das Geld sparen können. Konfliktmanagement startet und endet immer bei uns selbst! Natürlich ist man auch auf den Wunsch seiner Konfliktpartner angewiesen, den Konflikt konstruktiv zu lösen, doch muss dieser Wunsch nicht unbedingt am Anfang der Konfliktlösung vorhanden sein; er kann sich auch entwickeln. Wie auch immer der Wunsch bei Ihrem Gegenüber ausgeprägt ist, an dieser Stelle möchte ich Sie noch einmal an den wichtigsten Ansatzpunkt zur Veränderung und Verbesserung der Situation erinnern: Sie selbst!

Dabei sind fünf Aspekte von zentraler Bedeutung: Annehmen, Verstehen, Planen, Handeln und Abschließen.

Zuerst haben wir oft ein eher unbestimmtes Gefühl, dass sich **Annehmen** etwas ändern muss. Vielleicht wollen wir es noch nicht ganz wahrhaben, doch letztlich können wir es nicht mehr leugnen: Die Situation ist für uns nicht in Ordnung und muss geändert werden. Wir wissen zwar noch nicht, wie wir die Situation positiv verändern können; vielleicht ist der eine oder andere Versuch, mit der Situation umzugehen, sogar schon fehlgeschlagen. Auf jeden Fall ist der Druck nun so groß, dass wir die Situation annehmen müssen – ein Wegschauen, Weghören oder sonstiges Ignorieren ist nun nicht mehr möglich. Erst wenn wir die Situation als solche angenommen haben, können wir erfolgversprechende Lösungswege einschlagen. Sie haben den Weg des Selbstcoachings gewählt. Gut!

Nun geht es darum, unsere Situation, die Situation unseres **Verstehen** Gegenübers und auch den sozialen Kontext zu verstehen. Dabei geht es zum Beispiel um das Entknoten unserer Emotionen, Interessen und der Sache an sich. Kein allzu leichtes Unterfangen. Aber genau dabei hilft Ihnen dieses Buch. Zusätzlich wäre es natürlich hilfreich, wenn Sie sich, so gut dies überhaupt geht, auch in die (Gefühls-)Welt Ihres Gegenübers hineinversetzen und die soziale Dimension des Konfliktes vor Augen haben. Dadurch erhöht sich die Wahrscheinlichkeit, den Konflikt nachhaltig zu lösen, enorm. Auch dabei werde ich Sie mit diesem Buch unterstützen.

Verstehen alleine reicht natürlich nicht. Verstehen kann ich **Planen** vieles, das heißt aber noch lange nicht, dass es mein Handeln unmittelbar verändert. Es geht also darum, für Ihre Situation passende und effektive Handlungspläne zu entwerfen, die die Situation in Ihrem Sinne beeinflussen. Es geht darum, bewusste Handlungen vorzubereiten und auf ihre möglichen Konsequenzen hin zu überprüfen.

Handeln   Was nützt der schönste Plan, wenn er nicht funktioniert. Und ob er funktioniert, werden wir erst mit Gewissheit erfahren, wenn wir es probiert haben. Es gilt also zu handeln, allerdings ohne gleich mit der Tür ins Haus zu fallen. Auch hier gilt, dass es oft hilfreicher ist, Schritt für Schritt vorzugehen. Erkenntnisse, die durch erste Aktionen gewonnen werden, wirken natürlich auch wieder zurück auf die anderen Aspekte des Selbstcoachings. Es geht hier daher nicht um einfach voneinander abgegrenzte und linear aufeinander aufbauende Stufen, sondern eher um innere und äußere Prozesse, die sich gegenseitig bedingen und immer wieder Bezug aufeinander nehmen. So ist in der Verhaltenspsychologie schon lange folgendes Modell für Veränderungen bekannt: Test – Operate – Test – Exit (auch unschön TOTE abgekürzt). Dabei steht der erste Test für das negative Ergebnis einer Situationsanalyse. Die Situation sollte sich daher ändern. Operate ist daraufhin der Versuch, die Situation zu ändern. Der nächste Test überprüft, ob der Versuch, die Situation zu ändern, befriedigend war oder ob eine weitere Operate-Phase notwendig ist. Dies geht so lange weiter, bis wir zu einem positiven Test kommen und die Veränderungsschleife verlassen können: Exit! Und damit sind wir beim letzten Aspekt des Selbstcoachings angekommen.

Abschließen   Wir haben nun durch unser Handeln die Situation so geändert, dass wir persönlich gut damit leben und unseren Konfliktpartner guten Gewissens in die Augen schauen können. Ich kann und sollte meine Lernerfahrung bewusst speichern, sodass ich sie für spätere Situationen nutzen kann. Das ursprüngliche Thema, den Konflikt, sollte ich loslassen können. Sollte mir das nicht möglich sein … nun, dann muss ich wahrscheinlich noch einmal eine Runde drehen, da etwas bei der Lösung des Konfliktes unbeachtet geblieben ist. Damit dies nicht passiert, sei an dieser Stelle an die Worte des Mitbegründers der lösungsfokussierten Kurzzeittherapie erinnert: „Wenn du schnell sein willst, gehe langsam vor." (Steve De Shazer)

Annehmen

Verstehen

Abschließen

Handeln

Planen

Conclusio

Dieser Abschnitt sollte Ihnen eine kleine Einführung in das Selbstcoaching geben. Sie wissen nun, dass Selbstcoaching eine besondere Form der Reflexion ist, die sowohl die eigene Person wie auch den sozialen Kontext betrachtet und auf ein Ziel hin orientiert ist. Außerdem haben Sie die fünf Aspekte des Selbstcoachings – Annehmen, Verstehen, Planen, Handeln, Abschließen – kennengelernt und wissen nun, worauf Sie sich im Selbstcoaching einlassen.

Im nächsten Schritt lernen Sie die methodischen Grundlagen kennen, die Sie auf Ihrem Weg als Selbstcoach unterstützen können.

2.2 Welche Methoden sollte ich als Selbstcoach kennen?

Die Methoden im Coaching sind unendlich vielfältig. Somit ist der Pool für die Methoden des Selbstcoachings ähnlich vielfältig. Damit Sie sich einfach in dieser Vielfalt zurechtfinden, haben wir uns für dieses Buch auf einen Ansatz konzentriert, der sehr pragmatisch die erfolgreichsten Ideen aus anderen Ansätzen gesammelt und integriert hat: das NLP (Neurolinguistisches Programmieren – mehr zum Begriff weiter unten). Das Verständnis der Grundlagen des NLP wird Ihnen helfen, die Zielrichtung und das Vorgehen einzelner Übungsschritte im Gesamtzusammenhang zu sehen und schnell zu verstehen.

NLP erleichtert eine professionelle Kommunikation Das NLP ist ein lernpädagogisches Modell, welches in allen Bereichen der professionellen Kommunikation angewendet wird. Dies kann sowohl Psychotherapie, Coaching, Beratung, Verkauf, Schulunterricht, Training, Führung oder eben auch Selbstcoaching sein. NLP befasst sich mit den Strukturen der menschlichen Kommunikation und versucht, Menschen anzuleiten, die eigenen Möglichkeiten in der Wahrnehmung und der Kommunikation umfassender zu nutzen. Daher kann und wird NLP auch in allen Bereichen der professionellen Kommunikation angewendet.

NLP ermöglicht zusätzliche Verhaltensalternativen NLP wurde in den 1970er-Jahren durch Richard Bandler und John Grinder entwickelt. Ihre Ausgangsfrage war: „Wie kommt es, dass verschiedene Therapeuten extrem erfolgreich sind, obwohl sie aus ganz unterschiedlichen Therapieschulen kommen und vollkommen andere Therapietechniken benutzten?" Auf der anderen Seite waren längst nicht alle Therapeuten einer bestimmten Therapierichtung gleich erfolgreich. Was gab es an Erfolgsmustern, die jenseits der unterschiedlichen Schulen wirksam waren? Um dies herauszufinden, beobachteten Richard Bandler und John Grinder besonders erfolgreiche Therapeuten, wie zum Beispiel Virgina Satir (Familientherapie),

Fritz Pearls (Gestalttherapie) und Milton Erickson (Hypnotherapie). Sie systematisierten ihre Beobachtungen und stellten übergreifende Muster fest, die sie weiterentwickelten und zu einem umfangreichen Set von Kommunikationswerkzeugen ausbauten. Theoretisch wurden Bandler und Grinder stark durch die konstruktivistischen und systemischen Ansätze von Watzlawick, Bateson und Haley beeinflusst. Wichtige Impulse und Weiterentwicklungen hat es seitdem immer wieder gegeben, so zum Beispiel durch Robert Dilts oder Tad James und Wyatt Woodsmall. NLP ist also keine von vorne bis hinten klar konzipierte und in sich geschlossene Therapie- oder Kommunikationsschule, sondern eine Sammlung von in der Praxis erprobten Erfolgsmustern. Ziel dieser Muster ist es immer, die Verhaltensvielfalt und damit auch die Wahlmöglichkeiten von Menschen zu erhöhen. Es geht beim NLP also nie darum, ein Verhalten vollkommen zu löschen oder zu eliminieren. Es geht immer darum, die Nützlichkeit von Verhalten für bestimmte Situationen zu erhöhen, bestimmte Verhaltensweisen vielleicht verstärkt in andere Situationen zu übertragen oder neues Verhalten zu erlernen. Hinter allen Veränderungen steht der Gedanke, dass in jedem Verhalten eine positive Absicht steckt, die auch gewürdigt werden sollte. Ziel des NLP ist es, das für eine Person und die entsprechende Situation nützlichste Verhalten zu finden, um diese positive Absicht zu erreichen.

Diesen Gedanken möchte ich Ihnen mit einem Beispiel aus dem Bereich der Psychotherapie verdeutlichen: Einfache Phobien (übersteigerte, „irrationale" Ängste) vor bestimmten Tieren oder Situationen sind sehr verbreitet. So kennt wahrscheinlich jeder in seiner weiteren Umgebung einen Menschen, der eine besonders große Angst vor Spinnen (oder Mäusen, Hunden, Ratten usw.) hat oder sich vor großen Höhen (oder geschlossenen Räumen, offenen Plätzen usw.) fürchtet. Wenn die Emotionen so stark werden, dass der Betroffene von der Angst überwältigt wird und eventuell nicht mehr frei handlungsfähig ist, spricht man von einer Phobie. Was soll nun aber

Wahlfreiheit vergrößern

die oben erwähnte positive Absicht hinter einer Spinnenphobie sein? Nun, an der Phobie vielleicht nicht viel, doch an dem Verhalten, das mit einer Spinnenphobie gekoppelt ist, kann sehr viel gut sein. So kann es durchaus Sinn machen, sich vor Insekten allgemein oder Spinnen im Besonderen in Acht zu nehmen und den Kontakt mit ihnen zu vermeiden, wenn man deren Gefährdungspotenzial nicht kennt. Beim Beispiel einer Vogelspinne oder Tarantel wird das schnell den meisten von uns einleuchten. Wir haben sogar einen uralten Wegstreichreflex, der beim Laufen einer Spinne oder auch Insekten über unserer Haut ausgelöst wird.

Wir sind also also instinktiv auf die Kontaktvermeidung mit krabbelnden Tierchen programmiert. In der Wildnis hat wahrscheinlich derjenige bessere Überlebenschancen, der sich vor unbekannten Spinnen fürchtet und den Kontakt mit diesen so gut es geht vermeidet. Das ist also eine mögliche positive Absicht, die hinter dem Verhalten „Spinnen vermeiden" stand und noch immer stehen könnte. Dass diese positive Absicht sich umkehrt in eine Einschränkung von Verhaltensvielfalt, liegt an einer übertriebenen Verallgemeinerung (zum Beispiel alle Spinnen vermeiden) und Dramatisierung (zum Beispiel Spinnenbisse sind tödlich) unseres Gehirns. Wie es zu dieser Verallgemeinerung und Dramatisierung kommt, soll uns hier nicht weiter beschäftigen. Wichtig für den Betroffenen ist nun, dass er wieder die Wahlfreiheit über sein Verhalten zurückerhält. Wenn er oder sie dann eine Spinne sieht, sollte er seinem Vermeidungsverhalten nachgeben können, aber er sollte auch entscheiden können, die Spinne zu ignorieren oder sie zu fangen und auf ein Blatt zu setzen. Hätte man aber das Vermeidungsverhalten in Bezug auf Spinnen vollständig gelöscht, so hätte man die Verhaltensmöglichkeiten wieder beschränkt. Stellen Sie sich nur einmal einen Menschen vor, der vor keiner Spinne mehr Angst hat und alle kleinen Krabbler auf irgendwelche Blätter setzt oder jeden Hund einfach ohne gesunde Angst streichelt.

Es geht im NLP also nicht um das Löschen von irgendwelchen „negativen" Verhaltensweisen, sondern immer um den angemessenen Einsatz verschiedener Verhaltensmöglichkeiten in einer konkreten Situation.

Nun wissen wir also, wo NLP herkommt und was der Grundgedanke des NLP ist, ohne den Namen erklärt zu haben. Dies ist kein Zufall, da der Name mehr Fragen aufwirft, als dass er Antworten gibt. Ich persönlich denke ja, dass der Name und die Abkürzung vor allem viel Spielraum für die eigene Fantasie lassen sollen und so wenige Ähnlichkeiten wie möglich zu bekannten Beratungsrichtungen aufweisen sollen. So lässt ein Name wie NLP der Fantasie viel mehr Freiraum als Namen wie „Psychotherapeutische Imaginationslehre" oder „Zielorientierte Beratungsschule". Und da es im NLP immer um Erweiterung geht und nicht um Einengung, wäre dies ein guter Grund für den Namen. Aber man kann natürlich auch analytischer an die Frage herangehen und findet dann folgende Begründung. Neurolinguistisches Programmieren heißt:

Erweiterung statt Einengung des Verhaltens

Alles Verhalten lässt sich letztendlich auf neuronale Prozesse zurückführen und wird durch sie auch wieder abgebildet. Egal, ob wir uns in der Umwelt oder auch nur in unserer Vorstellungswelt verhalten, ob dies bewusst oder unbewusst geschieht, alles hat eine Entsprechung auf der neuronalen Ebene unseres Organismus.

Neuronale Ebene

Mit linguistisch ist die Gesamtheit der menschlichen Kommunikationssysteme (bewusst und unbewusst, verbal und nonverbal, nach außen und nach innen gerichtet) gemeint, mit denen wir uns, unsere neuronalen Prozesse und auch unsere Umwelt beeinflussen. Den Zugang zu den neuronalen Prozessen sieht das NLP vor allem durch die fünf Sinne (visuell, auditiv, kinästhetisch, olfaktorisch und gustatorisch) gegeben. Im NLP wird versucht, die verschiedenen Kommunikationssysteme des Menschen zu nutzen, um auf unsere inneren

Linguistische Ebene

Prozesse einzuwirken und auch in effektiver Art mit anderen Menschen zu kommunizieren.

Organisatorische Ebene Programme sind wiederkehrende neurologische Muster, die uns dazu bringen, unsere Umwelt in einer charakteristischen Art und Weise wahrzunehmen, zu interpretieren und zu bewerten. Es geht beim „Programmieren" also nicht um verstecktes Manipulieren von anderen Menschen, sondern um die Erkenntnis, dass unser Verhalten nicht zufällig ist, sondern gewisse Muster zu erkennen sind. Das Wort Programmieren ruft bei vielen Menschen oft spontane Abneigung hervor, da es an die Programmierung von Computern oder Robotern erinnert. Eine alternative Bezeichnung, die wahrscheinlich weniger spontane Abneigung hervorrufen würde, ist Selbstorganisation. Hier wird der Sinn der Programmierung durch das Wort Organisation verdeutlicht (Organisation unseres Erlebens und Verhaltens), und die Möglichkeiten zur eigenen Veränderung dieser Organisation werden durch das Wort selbst hervorgehoben. Unabhängig von den Wörtern Programmieren und Selbstorganisation ist das gleiche Phänomen gemeint.

Conclusio

Dieser Abschnitt sollte Ihnen die Herkunft und die Grundgedanken des NLP näherbringen. Wichtig ist, dass NLP immer eine Erweiterung des Verhaltensspektrums zum Ziel hat und so auch in idealer Weise als Werkzeugkasten für das Selbstcoaching genutzt werden kann. Alle Werkzeuge im NLP sind aus erfolgreichen Werkzeugen anderer Beratungsrichtungen entstanden, sodass im NLP weniger eine Ideologie, sondern die Nützlichkeit im Vordergrund steht.

Im folgenden Abschnitt lernen Sie die Grundannahmen über Menschen im NLP kennen, da diese Grundannahmen ebenfalls nützliche Ansatzpunkte für eine umfassende Konfliktlösung sind.

2.3 Was sind für das Selbstcoaching hilfreiche Annahmen über Menschen?

Natürlich wurde diese Sammlung von Erfolgsmustern und -strategien (aus dem NLP) sehr bald mit entsprechenden Grundaussagen über Kommunikation und den Menschen an sich unterfüttert. Diese bilden im eigentlichen Sinne jedoch keine geschlossene Theorie. Sie sind als eine Sammlung von nützlichen Ausgangshypothesen für eine erfolgreiche Kommunikation zu verstehen. Sie stellen keine absoluten Aussagen über die Welt und den Menschen dar (keinen Wahrheitsanspruch), sondern diese Aussagen sollen die Freiheitsgrade des eigenen Denkens, Wahrnehmens und Handelns erweitern. Es gibt auch durchaus unterschiedliche Darstellungen dieser Grundannahmen, was die Flexibilität des NLP demonstriert. Die folgende Aufzählung lehnt sich an die Darstellung der Grundannahmen von Rupprecht Weerth (1992) an, der eine umfassende theoretische Einführung ins NLP verfasst hat.

„Die Landkarte ist nicht das Gebiet." Dieser Satz geht auf **Die Landkarte ist** Alfred Korzybsky zurück und besagt, dass wir die Welt, in der **nicht das Gebiet** wir leben, auf unsere individuelle Art und Weise wahrnehmen. Wir reagieren daher alle auf unsere innere Landkarte der Welt und nicht unmittelbar auf die Welt an sich. Natürlich sollte unsere innere Landkarte einen deutlichen Bezug zur äußeren Welt haben und sich auch zu großen Teilen im Einklang mit den meisten anderen Landkarten von der Welt befinden (sonst könnte es sein, dass wir als Sonderlinge auffallen), doch gibt es letztlich nicht die eine gültige Landkarte von der Welt, sondern nur mehr oder weniger hilfreiche Landkarten, die wir benutzen. Wie unterschiedlich die Wahrnehmung von der Welt sein kann, erleben wir oft nur dann, wenn wir unsere eigene Kultur verlassen und auf andere Gewissheiten treffen, die uns vollkommen fremd erscheinen.

Der Mensch ist ein System aus physischen und psychischen Teilen

Menschen können als Systeme mit einer unendlichen Zahl an Systemkomponenten gesehen werden. Der Mensch als Ganzes ist wiederum Teil eines größeren Systems seiner Umwelt. Die einzelnen Systemkomponenten werden im NLP Teile genannt, die miteinander in Beziehung stehen und nicht unabhängig voneinander verändert werden können. Innere Vorgänge, Befindlichkeiten drücken sich auch physisch aus und umgekehrt. Dies gilt es bei der Veränderungsarbeit mit Menschen zu beachten, damit es nicht ungewollt zu Veränderungen im Gesamtsystem kommt, die nicht gewünscht sind. Gerade das Zusammenspiel von inneren Veränderungen und die Auswirkungen auf die Umwelt (also auf ein komplexes System) werden im NLP besonders beachtet. So ist es auf jeden Fall sinnvoll, die möglichen Folgen von Veränderungen für das Gesamtsystem Mensch und für sein soziales System zu betrachten, damit eine angestoßene Veränderung auch nachhaltig wirken kann.

Unser Verhalten ist bestimmt durch unsere kognitiven Modelle

Unter Kognitionen versteht man alle Verarbeitungsprozesse und deren Inhalte im Gehirn eines Menschen. So hat jeder Mensch seine bevorzugten Denk-, Glaubens- und Wahrnehmungsmuster (kognitive Modelle). Diese Muster oder Modelle sind dafür verantwortlich, wie wir die Welt wahrnehmen, was wir über sie denken und wie wir uns in ihr verhalten. Wenn wir Verhalten ändern wollen, so ist dies immer mit einer Veränderung auf der Ebene der kognitiven Modelle verbunden. Die Veränderung dieser Modelle kann auf bewusster oder unbewusster Ebene ablaufen. Bewusst kann das zum Beispiel durch neue Erkenntnisse geschehen, auch wenn das oft schwierig ist (was jeder weiß, der schon mal versucht hat, weniger Süßes zu essen oder mit dem Rauchen aufzuhören). Eher unbewusst geschieht dies, wenn wir öfter neue Erfahrungen sammeln, die dann auf unsere Sicht der Welt rückwirken.

Die Wahl unseres Verhaltens hängt von unseren kognitiven Modellen und der daraus entstandenen inneren Landkarte ab. Dies ist die Grundlage für unsere Entscheidungen, und auf dieser Grundlage treffen wir ständig die in der jeweiligen Situation beste Entscheidung. Dabei bezieht sich „beste" auf keinen allgemein gültigen moralischen Wertmaßstab, sondern allein auf unsere Selbstorganisation (Programmierung). Dies gilt dann natürlich nicht nur für uns, sondern auch für unser Gegenüber, mit dem wir vielleicht gerade einen Konflikt austragen. Auch er bzw. sie trifft die beste ihm oder ihr zur Verfügung stehende Wahl – auch wenn das für uns im Moment ganz anders aussehen mag.

Menschen treffen zu jedem Zeitpunkt die beste ihnen zur Verfügung stehende Wahl

Alle Menschen verfügen über die Möglichkeit, ihre inneren Modelle zu verändern. Zur Problemlösung ist die Umorganisation einzelner Systemkomponenten notwendig. Es kann nun sein, dass jemand wenig effektive Strategien zur Neuorganisation seiner inneren Modelle hat. Hier unterstützt uns NLP mit Methoden zur Modellbildung, sodass der Betreffende alle Ressourcen nutzen kann, die ihm zur Verfügung stehen. Zu diesen Ressourcen gehört zum Beispiel auch die Fähigkeit, neue Verhaltensweisen zu erlernen und zu trainieren.

Alle Ressourcen für Veränderungen liegen bereits in uns

Diese Annahme wurde weiter oben bereits am Beispiel einer Spinnenphobie besprochen. Die positive Absicht lässt sich allerdings nicht immer auf den ersten Blick erkennen – weder für den Betroffenen noch für die Umwelt. Die positive Absicht ergibt sich nur aus der ganz individuellen Weltsicht. Für jemand Außenstehenden kann die Handlung immer noch unsinnig oder übertrieben erscheinen.

Hinter jedem Verhalten steht eine positive Absicht

Sollte trotz positiver Absicht das Verhalten negative Konsequenzen haben (zum Beispiel Angststarre), dann gilt es, die positive Absicht zu identifizieren (zum Beispiel tödlichen Spinnenbiss vermeiden), vom Verhalten zu trennen und nach neuen Wegen zu suchen, die Absicht zu erfüllen. Im NLP geht es in der Regel genau darum: Die positive Absicht erkennen und einen Weg zur Absicht zu finden, der für die Person selbst und für seine Umwelt positive Konsequenzen hat.

Verhaltensvielfalt fördern Dies sind wesentliche Grundannahmen im NLP, aus denen sich weitere grundlegende Annahmen und Einsichten ableiten lassen, wie zum Beispiel: „Es gibt keine Fehler, sondern nur Feedback." Die Anwendung der Grundannahmen soll vor allem eine Basis für das Finden von Verhaltensalternativen sein. Dabei kann sich Verhalten sowohl auf äußeres wie auch auf inneres Verhalten (zum Beispiel Bewertungen) beziehen. Letztlich gilt aber natürlich auch in Bezug auf die Grundannahmen die erste Annahme, dass sich die Realität für Menschen in deren Köpfen abbildet und es daher nicht um Wahrheiten gehen kann, sondern um nützliche Annahmen, die Verhaltensvielfalt fördern.

Conclusio

In diesem Abschnitt sollten Ihnen wichtige Grundannahmen des NLP verdeutlicht werden, die nicht nur nützlich für die Veränderungsarbeit mit Menschen sind, sondern auch eine erfolgreiche Konfliktlösung erleichtern. Wenn man akzeptieren kann, dass jedes Verhalten eine positive Absicht verfolgt, so geht es nicht mehr ums Gegeneinander, sondern um die gemeinsame Suche nach einem besseren Weg, diese Absicht auch zu verwirklichen. Ebenso verhält es sich mit der Annahme, dass die Landkarte nicht das Land ist. Jeder Streit um die wahre Sicht der Dinge, und dieser Streit wird auf der ganzen Welt verbittert geführt, wäre damit überflüssig.

Im Folgenden möchte ich Ihnen das Vokabular und ein paar wesentliche Ansatzpunkte für Veränderungsarbeit im NLP näherbringen. Wir werden in den Übungen immer wieder auf Begrifflichkeiten und Ideen aus diesen Abschnitten zurückgreifen, sodass nicht alles in jeder Übung erläutert werden muss.

2.4 Wieso nehmen wir Informationen so unterschiedlich auf?

Unsere Informationsaufnahme und Verarbeitung ist wesentlich durch etablierte Muster (die oben schon erwähnten kognitiven Modelle) unseres Gehirns festgelegt. Ein wichtiger Teil dieser Muster sind die sogenannten kognitiven Repräsentationen. Als kognitive Repräsentationen bezeichnet man den Prozess zur Codierung und Speicherung der Außenwelt sowie den Inhalt dieser Codierung in unserem Gehirn, also die kognitive Informationsaufnahme und Speicherung. So ist ein Elefant, an den wir denken, natürlich kein echter Elefant, sondern nur die kognitive Repräsentation eines oder mehrerer echter Elefanten. Dies gilt auch für komplexere Sachverhalte wie unsere Vorstellungen über Männer und / oder Frauen im Allgemeinen. Was wir über Frauen und / oder Männer denken, ist nicht die objektive Wahrheit über Frauen und Männer, sondern nur die kognitive Abbildung dessen, was wir über Männer und Frauen gehört, gesehen, erlebt und abgespeichert haben. Solche komplexeren Repräsentationen und die Beziehungen zwischen einzelnen kognitiven Repräsentationen bilden dann im Ergebnis die schon erwähnte innere Landkarte. Dies ist nun erst einmal vielleicht theoretisch interessant, bringt uns aber noch keiner Konfliktbewältigung näher. Was uns weiterhilft, ist die Annahme des NLP, dass wir diese Informationen mithilfe von fünf unterschiedlichen Repräsentationssystemen (RS) aufnehmen und speichern, die unseren fünf Sinnen entsprechen. Wir haben also ein visuelles, ein auditives, ein kinästhetisches, ein olfaktorisches und ein gustatorisches RS zur Informationsaufnahme zur Verfügung.

Visuell = Sehen
Auditiv = Hören
Kinästhetisch = Fühlen, Empfinden
Olfaktorisch = Riechen
Gustatorisch = Schmecken

Mit allen Sinnen erleben und handeln Die Anfangsbuchstaben (VAKOG) werden im NLP gerne genutzt, wenn man ausdrücken will, dass etwas mit allen Sinnen wahrgenommen werden soll. So erhöht es zum Beispiel bei der Formulierung von Zielen die Motivation zur Zielerreichung, wenn das konkrete Ziel VAKOG-mäßig erlebt wird. Dann „weiß" man, wie es sein wird, wenn das Ziel erreicht ist. Danach macht man sich bewusst, dass das Ziel noch nicht erreicht ist, sodass die Motivation, etwas zur Zielerreichung zu tun, nun noch größer ist.

Menschen bevorzugen unterschiedliche Repräsentationssysteme Neben den fünf RS der Sinne (analoge RS) verfügen wir zusätzlich noch über die Sprache als eine Art digitales Repräsentationssystem, welches uns ermöglicht, die Informationen und Erfahrungen, die wir aufgenommen haben, bis zu einem gewissen Grad weiterzugeben. Jede Information, die wir aufnehmen, wird mithilfe dieser RS aufgenommen, codiert und gespeichert. Dabei besteht eine Erinnerung immer aus einem Set der verschiedenen RS. Dies kann man selbst erleben, wenn man zufällig etwas riecht, ein intensives Gefühl entsteht und sich auf einmal an Weihnachten bei den Eltern erinnert. Was ist passiert? Eine olfaktorische Information (zum Beispiel Duft frisch gebackener Plätzchen) wurde zusammen mit sehr konkreten kinästhetischen (zum Beispiel Freude), visuellen (zum Beispiel Weihnachtsbaum), auditiven (zum Beispiel „O Tannenbaum") und vielleicht auch gustatorischen (zum Beispiel Zimt) Informationen abgespeichert. Nun wurde durch den Geruch eine ganze Kette von Erinnerungen aufgerufen, die dann schließlich in der Weihnachtserinnerung mündete. Für unser Thema Selbstcoaching in Konflikten ist noch wichtig zu wissen, dass Menschen sich durchaus in ihrem bevorzugten RS unterscheiden. So kann es sein, dass einer die Welt hauptsächlich durch sein visuelles RS wahrnimmt und speichert, aber ein anderer eher durch sein kinästhetisches RS. Diese zwei Personen sprechen wahrscheinlich sogar eine unterschiedliche Sprache und könnten im Extremfall Verständigungsschwierigkeiten miteinander haben; ein Beispiel:

Ein Mann nutzt bevorzugt sein visuelles RS zur Aufnahme und Speicherung von Informationen. Wenn dieser Mann seinen letzten Urlaub beschreibt, dann könnte das folgendermaßen aussehen:

Beispiel: visuelles Repräsentations-system

„Natürlich kann ich die Szenerie nur skizzieren, aber das Tal war ganz grün und der Horizont wurde durch die Abendsonne rot erleuchtet. In der Ferne konnte man Windräder sehen, und auf den Feldern sah man Kühe, die wie dunkle Schatten in die Landschaft gemalt waren. Vom Hotelbalkon aus konnte man all dies wie in einem Bild von Monet jeden Abend betrachten."

Wenn Sie sich das Bild zu der Urlaubsszene gut und vollständig vorstellen konnten, sprechen Sie offensichtlich ebenso wie der Mann auf visuelle Informationen wie Farben und Helligkeit an. Sollte es Ihnen bei der Beschreibung schwergefallen sein, sich einen Eindruck zu bilden, dann benötigen Sie vielleicht eher kinästhetische Informationen:

Beispiel: kinästhetisches Repräsentations-system

„Der Wind strich durch das Tal und bewegte das Gras leicht hin und her. Die Sonne wanderte langsam nach unten, und in der Ferne drehten sich die Flügel der Windräder. Kühe standen auf der Weide und fraßen langsam und gemächlich das Gras. Wenn man auf dem Hotelbalkon stand, konnte man den Wind im Gesicht spüren. Die Abenddämmerung brachte eine angenehme Kühle mit sich, die wohltuend auf der Haut zu spüren war. Ich fühlte mich vollkommen geborgen und entspannt."

In ähnlicher Weise könnte man die Erlebnisse auch mit auditiven Wörtern erzählen. Und natürlich kann es auch sein, dass wir zwei gleich starke RS als bevorzugte Systeme nutzen. Das olfaktorische und das gustatorische RS werden allerdings selten als primäre RS genutzt, auch wenn diese RS oft sehr wichtig sind, um Erinnerungen wieder zu aktivieren oder eine Situation vollständig zu erfassen.

Für Konflikte kann man sich nun aber leicht vorstellen, was es bedeuten kann, wenn zwei Menschen mit unterschiedlichen Präferenzen in Bezug auf ihre RS aufeinandertreffen und miteinander reden. Es kann eben durchaus sein, dass sie sich einfach nicht verstehen, da sie in anderen „Sprachen" miteinander sprechen. Bezogen auf das Thema Konfliktvermeidung bedeutet dies, dass derjenige Konflikte rein sprachlich am einfachsten vermeiden kann, der sich auf die Sprache des Gegenübers einstellen und sich so verständlich machen kann. Das ist etwas, was die meisten Menschen ganz unwillkürlich tun. Sobald wir auf einen anderen Menschen treffen, versuchen wir ihn zu verstehen, und soweit es in der Situation angemessen erscheint, uns auf ihn einzustellen. NLP gibt dazu weitere Mittel an die Hand, die das gleiche Ziel verfolgen: verstehen und verstanden werden.

Als Anregung sind hier noch einige wenige Beispiele der drei wichtigsten Repräsentationssysteme im Sprachgebrauch zusammengestellt:

Visuelle Prädikate	Auditive Prädikate	Kinästhetische Prädikate
Ansehnlich	Aussprechen	Anfassen
Ausblick	Behaupten	Anstrengend
Bezeichnend	Bemerken	Begreifen
Bildhaft	Diskutieren	Empfinden
Dunkel	Erklären	Ertragen
Farbig	Gesang	Finden
Fokus	Hören	Fühlen
Glänzend	Klingen	Gefühl
Hell	Lärm	Gehen

Visuelle Prädikate	Auditive Prädikate	Kinästhetische Prädikate
Hereinschauen	Laut	Kalt
Illustrieren	Leise	Leicht
Klarheit	Ruhe	Schwer
Offensichtlich	Sagen	Spürbar
Perspektive	Stimmig	Stehen
Sehen	Tönen	Warm
Überblick	Verkünden	Weich

Submodalitäten der Repräsentationssysteme

Da wir bei den Übungen oft mit den Repräsentationssystemen (RS) arbeiten werden, möchte ich Ihnen hier noch eine besondere Qualität der RS vorstellen. Diese Qualität sind die sogenannten Submodalitäten, die Unterscheidungsmöglichkeiten, die es in jedem RS gibt. Diese Unterscheidungsmöglichkeiten ermöglichen es uns, eine Erinnerung oder eine Vorstellung anschaulicher, greifbarer und stimmiger wahrzunehmen. Zur Verdeutlichung möchte ich Ihnen diesmal drei kleine Experimente vorschlagen: visuelle Repräsentation, auditive Repräsentation und kinästhetische Repräsentation.

....

Submodalitäten-Experiment „Mein liebstes Urlaubsbild"

Stellen Sie sich eine Szene aus Ihrem letzten Urlaub vor. Wo waren Sie, und wie sah es dort aus? Welche Einzelheiten können Sie sehen? Ist das Bild farbig oder schwarz-weiß? Ist es hell oder dunkel? Ist das Bild statisch oder bewegt sich die Szene?

Sobald Sie sich das Bild vorstellen können, fangen Sie bitte an, es in Ihrer Vorstellung leicht zu verändern. Machen Sie das Bild heller, immer heller, sodass irgendwann fast keine Konturen mehr zu erkennen sind. Dann machen Sie es wieder etwas dunkler, so lange, bis es fast schwarz ist. Nun stellen Sie die Helligkeit so ein, dass es für Sie am angenehmsten ist. Als Nächstes verändern Sie bitte die Farben im Bild. Intensivieren Sie die Farben, und lassen Sie diese anschließend verblassen. Welche Intensität ist am angenehmsten?

Sobald Sie das Bild in optimaler Farbintensität und Helligkeit vor sich sehen, versuchen Sie, das Bild als Film zu erleben. Lassen Sie die Szene vor Ihrem geistigen Auge ablaufen. Welche Gefühle löst die Szene nun bei Ihnen aus?

Nun fangen Sie an, das Bild wieder einzufrieren und alle Farbe aus dem Bild zu nehmen. Sie haben jetzt ein starres Schwarz-Weiß-Bild, welches vielleicht ein wenig zu dunkel ist. Welche Gefühle löst dieses Bild in Ihnen aus?

Gestalten Sie das Bild abschließend wieder so, dass es für Sie am schönsten ist. Welche Farben, welche Helligkeit und welche Lebendigkeit lösen die angenehmsten Gefühle bei Ihnen aus?

. . . .

 **Submodalitäten-Experiment „Klangvolle Stimme"**

Stellen Sie sich nun die Stimme eines Menschen vor, den Sie besonders mögen und/oder achten. Wie hört sich dessen Stimme an? Wie ist der Klang? Ist die Stimme eher laut oder eher leise? Ist sie eher tief oder eher hoch? Werden die Worte mit einer besonderen Mundart oder einem Dialekt gesprochen?

Sobald Sie die Stimme deutlich hören können, fangen Sie bitte an, diese in Ihrer Vorstellung leicht zu verändern. Lassen Sie die Tonlage der Stimme immer höher und die Sprechweise immer schneller werden, sodass sie sich schließlich wie eine Micky-Maus-Stimme anhört. Dann lassen Sie die Stimme immer tiefer klingen und die Sprechweise immer langsamer werden, sodass sie sich wie auf einem Tonband anhört, welches zu langsam läuft. Stellen Sie die Stimme wieder so ein, dass sie angenehm für Sie klingt. Nun verändern Sie bitte die Richtung, aus der die Stimme kommt. Wie hört es sich an, wenn die Stimme von oben oder von hinten kommt? Wie hört sich die Stimme an, wenn Sie direkt hinter Ihnen oder wenn sie zehn Meter hinter Ihnen ist? Gestalten Sie die Stimme abschließend so, dass sie besonders angenehm klingt. Nun vergleichen Sie bitte diese angenehme Stimme mit einer Stimme, die Sie ganz und gar nicht mögen. Wie unterscheiden sich diese Stimmen? Welche Personen gehören zu diesen Stimmen? Wenn Sie das nächste Mal jemanden kennenlernen, können Sie ja einmal darauf achten, wie sich seine oder ihre Stimme für Sie anhört. Erinnert Sie der Klang dieser Stimme vielleicht an die Stimme einer anderen Person, die Sie mögen oder vielleicht auch nicht mögen? Wie beeinflusst das wohl Ihren ersten Eindruck über diese Person, die Sie noch gar nicht kennen, sondern erst jetzt kennenlernen?

Submodalitäten-Experiment „Entspannung"

Fühlen Sie doch bitte einmal in sich hinein. Gibt es in Ihrem Körper eine Stelle, an der Sie etwas verspannt sind (Rücken, Nacken, Schultern)? Gehen Sie mit Ihrer Aufmerksamkeit zu dieser Verspannung. Wie fühlt sie sich an? Wie hart und wie groß in der Fläche ist diese Verspannung? Fühlt sich die Verspannung eher wie ein Ziehen oder vielleicht wie ein Drücken an? Wie stark ist die Intensität und welche Temperatur hat sie? Verändert sich die Verspannung?

Wenn Sie die Verspannung nun deutlicher spüren, so ist dies kein Wunder, da Ihre Aufmerksamkeit dorthin gewandert ist (was sogar ich beim Schreiben dieser Zeilen merke). Nun stellen Sie sich ein Schaltpult mit vielen Reglern vor, mit denen Sie die Submodalitäten der Verspannung verändern können. Erhöhen Sie langsam die Temperatur an der entsprechenden Körperstelle. Die Temperatur sollte angenehm sein und so hoch, dass die Muskeln weich werden. Spüren Sie auch die entspannten, anliegenden Regionen des Körpers? Wie strahlen die Wärme und die Weichheit von dort aus? Erhöhen Sie nun die Leichtigkeit und Luftigkeit der ganzen Körperregion. Spüren Sie, wie Wärme, Leichtigkeit und Entspannung sich langsam und wohltuend ausbreiten?

Vielleicht wollen Sie auch noch ein wenig Unterstützung aus anderen Repräsentationssystemen? Dann stellen Sie sich zusätzlich vor, wie ein angenehmes Licht und eine entspannende Farbe durch die Muskeln fließen. Gestalten Sie sich Ihre Empfindungen so angenehm, wie Sie möchten, in den Farben und der Helligkeit, die Ihnen behagen, und lassen Sie Ihre Muskeln wie Saiten eines Musikinstrumentes schwingen …

Durch diese drei kleinen Experimente sollte deutlicher geworden sein, was unter Submodalitäten zu verstehen ist. Wir können mit ihnen die Qualitäten unserer Erinnerungen und Vorstellungen bewusst verändern, was wiederum Auswirkung auf unser Befinden hat. Zur besseren Übersicht sind hier noch einmal wichtige Submodalitäten der drei wichtigsten RS aufgeführt:

Visuelle Submodalitäten	Auditive Submodalitäten	Kinästhetische Submodalitäten
farbig – schwarz-weiß	betont – monoton	ausbreitend – zusammenziehend
hell – dunkel	deutlich – undeutlich	bewegend – stillstehend
klar – verschwommen	hoch – tief	heiß – kalt
nah – fern	laut – leise	innen – außen

Visuelle Submodalitäten	Auditive Submodalitäten	Kinästhetische Submodalitäten
oben – unten	nah – fern	rhythmisch – stetig
rechts – links	rechts – links	schwach – stark
statisch – beweglich	stereo – mono	schnell – langsam
dreidimensional – zweidimensional	vorn – hinten	stechend – stumpf

Das Wissen um die Submodalitäten können wir übrigens gleich hier und jetzt als Teil unserer Konfliktlösung ausprobieren! Oft gehen wir ja sehr emotionsgeladen in konflikthafte Situationen hinein (mehr zu Emotionen im nächsten Kapitel). So kann es gut sein, dass wir schon beim Gedanken an die Stimme unseres Konfliktpartners wütend oder ärgerlich werden. Oder wir sehen unseren Konfliktpartner vor unserem geistigen Auge, und schon spüren wir, wie die negativen Emotionen in uns aufsteigen. All dies ist verständlich, hilft aber in der Regel recht wenig, wenn man „vernünftig" seinem Konfliktpartner gegenübertreten möchte, um das Problem zu besprechen und aus der Welt zu schaffen. Damit diese automatische, negative emotionale Reaktion beim Gedanken an unser Gegenüber, und damit auch beim Kontakt mit ihm, nicht die Oberhand gewinnt, probieren Sie bitte folgende Übung aus, die auf den Gedankenexperimenten zu den Submodalitäten aufbaut.

....

Übung

Zuerst denken Sie einfach an eine Person, die Sie mögen und mit der Sie gerne zusammen sind. Es sollte jemand sein, mit dem Sie auch schwierige Fragen gut besprechen können. Stellen Sie sich diese Person bitte möglichst plastisch in Gedanken vor. Sehen und hören Sie in

Gedanken diese Person so realistisch wie möglich. Was spüren Sie, wenn Sie sich dieses gedankliche Bild ansehen und anhören?

Achten Sie auf die Submodalitäten dieser gedanklichen Abbildung: Was sehen Sie? Sehen Sie das Bild schwarz-weiß oder farbig? Wie ist die Helligkeit? Wie nah oder entfernt sehen Sie das Bild? Ist das Bild bewegt oder statisch? Schauen Sie sich alles genau an.

Hören Sie einmal genau hin: Wie klingt die Stimme dieser Person? Ist sie laut oder leise? Hoch oder tief? Wie spricht die Person? Wie ist der Klang der Stimme?

Schreiben Sie die wichtigsten Submodalitäten zu dem gedanklichen Abbild dieser Person in Ihr Notizbuch.

Denken Sie an Ihren Konfliktpartner. Stellen Sie sich auch diese Person so realistisch wie möglich vor. Was sehen Sie? Was hören Sie? Was spüren Sie?

Achten Sie nun auf die visuellen Submodalitäten: Schwarz-weiß oder Farbe? Hell – dunkel? Bewegt – statisch? Verändern Sie die für Sie wichtigsten Submodalitäten mithilfe eines imaginären Knopfes für Ihr gedankliches Bild. Drehen Sie zum Beispiel am Knopf für die Helligkeit. Machen Sie das Bild heller und heller, bis es kaum noch zu erkennen ist. Drehen Sie es danach wieder dunkler, bis es ganz schwarz ist. Und jetzt stellen Sie die Helligkeit so ein, wie es für Sie am angenehmsten ist. Vielleicht schauen Sie noch einmal in Ihr Notizbuch und sehen nach, wie die Helligkeit bei der Person eingestellt war, die Sie schätzen.

Gehen Sie anschließend die anderen visuellen Submodalitäten durch, und stellen Sie mit den entsprechenden gedanklichen Knöpfen die Bildqualitäten so ein, dass sie ähnlich denen im Bild der positiven Person sind.

Wiederholen Sie diesen Vorgang auch mit den auditiven Submodalitäten. Stellen Sie sicher, dass das gedankliche Bild von Ihrem Konfliktpartner mit den gleichen Submodalitäten ausgestattet ist wie das Bild von der Person, die Sie schätzen.

Schauen Sie sich das neue Bild Ihres Konfliktpartners noch einmal in Gedanken an, und spüren Sie nach, wie sich Ihre spontane emotionale Reaktion verändert hat.

Keine Sorge – nach dieser Übung werden Sie Ihren Konfliktpartner immer noch nicht für Ihren besten Freund halten. Doch lassen Sie sich überraschen: Vielleicht können Sie ihn nun mit weniger negativ aufgeladenen Emotionen sehen, was sich ganz bestimmt auch auf den Kontakt mit ihm positiv auswirken wird.

2.5 Wie kann ich als Selbstcoach meine Sichtweise verändern?

Im Coaching bemühen wir uns um neue Sichtweisen, da durch diese neue Impulse für verändertes Handeln erzeugt werden können. Dies erreicht der Coach ganz wesentlich durch bestimmte Fragetechniken. Im Selbstcoaching übernehmen wir die Rolle des Coachs und müssen von daher Wege finden, uns selbst systematisch in neue Sichtweisen zu begeben.

Und da wir uns in diesem Buch im Wesentlichen auf Konfliktsituationen konzentrieren, in denen zwei Personen involviert sind, ist es besonders hilfreich, sich mit folgenden unterschiedlichen Wahrnehmungspositionen zu beschäftigen: Ich, Du, Wir und Meta. All diese Positionen kann man im Selbstcoaching bewusst einnehmen, um eine neue Sichtweise auf die Situation zu bekommen. Neben diesen Positionen kann grundsätzlich noch zwischen assoziierter und dissoziierter Wahrnehmung unterschieden werden, die hier zuerst vorgestellt werden sollen.

Ich, Du, Wir und Meta sind Wahrnehmungspositionen

Assoziierte Wahrnehmung

Unter assoziierter Wahrnehmung versteht man, die Situation vollständig, mit allen dazugehörigen Sinnen wahrzunehmen und zu erleben. Wir sind vollkommen in der Situation und betrachten sie mit unseren Augen, hören mit unseren Ohren und empfinden alles unmittelbar. Unser Erleben ist sozusagen mit der Situation verschmolzen. Dementsprechend schön empfinden wir diesen Zustand, wenn es eine angenehme Situation ist, und dementsprechend schrecklich empfinden wir den Zustand, wenn es eine unangenehme Situation ist.

Wir können uns auch assoziiert erinnern. Dann ist die Erinnerung so lebensecht, dass wir die Situation mit allen Wahrnehmungen und Gefühlen noch einmal erleben. Dies ist bei vielen (nicht allen) Träumen so. Wenn wir einen Albtraum haben und angstschweißgebadet aufwachen, dann haben wir vollständig assoziiert eine schreckliche Situation buchstäblich durchlebt und entsprechend emotional reagiert. Das heißt, wenn wir im Traum assoziiert Todesangst erlebt haben, dann hatten wir, körperlich gesehen, tatsächlich Todesangst. Gleiches kann aber natürlich auch für die angenehmen Träume gelten. Wenn wir im Traum vollständig assoziiert unseren Traummann bzw. unsere Traumfrau heiraten und uns küssen, dann haben wir auch körperlich diesen Kuss erlebt.

Dissoziierte Wahrnehmung

Die dissoziierte Wahrnehmung erlaubt uns dagegen einen inneren Abstand zum Geschehen. Wir stehen praktisch neben uns und beobachten uns in der Situation. Aus dieser Position heraus haben wir kaum Kontakt zu unseren unmittelbaren Gefühlen, da wir ja eher wie unbeteiligte Beobachter auf die Gesamtsituation schauen. Daher kann die dissoziierte Wahrnehmung auch ein Schutz vor allzu großem Schmerz sein. Wenn ich an ein trauriges Ereignis immer assoziiert denke, so werde ich den Schmerz immer wieder intensiv spüren. Denke ich an die gleiche Situation aus einer dissoziierten Position, also aus einer Beobachterposition heraus, dann überblicke ich die Szene, bin aber nicht vollständig emotional involviert.

Die dissoziierte Wahrnehmung kennen Sie vielleicht aus Situationen, in denen Sie sich selber innerlich fragen: „Was mache ich hier eigentlich?" Oder: „Oh Gott, was muss er/sie jetzt nur von mir denken? Ich benehme mich wie der größte Tollpatsch." In solchen Augenblicken beobachten Sie sich und die Situation und reflektieren darüber.

Der bewusste Wechsel von assoziierter und dissoziierter Wahrnehmung kann im Alltag äußerst hilfreich sein, und es lohnt sich, dies ein wenig zu üben. Vielleicht wollen Sie es gerade einmal ausprobieren? Dann lesen Sie jetzt einfach weiter und fangen an, sich parallel von oben zu sehen, wie Sie in dieses Buch schauen und lesen. Wie sehen Sie von oben oder von hinten wohl aus, während Sie lesen? Sitzen Sie gerade? Wie halten Sie Ihren Kopf? Was sieht man von oben noch, außer Sie und dem Buch? Beobachten Sie genau, wie Sie sich verhalten, achten Sie auf Farben, Geräusche und Bewegungen um Sie herum.

Der Wechsel von assoziierter und dissoziierter Wahrnehmung hilft im Alltag

Und? Konnten Sie sich dissoziiert wahrnehmen, wie Sie das Buch lesen? Wenn es geklappt hat, ist das gut, falls nicht, so werden Sie es an späterer Stelle im Buch noch in Ruhe üben können.

Die generellen Wahrnehmungspositionen assoziiert und dissoziiert sind gleichzeitig Submodalitäten, die in jedem Repräsentationssystem Gültigkeit haben. Jede Wahrnehmung und jede Qualität der Wahrnehmung können aus einer assoziierten und einer dissoziierten Position heraus betrachtet werden. Dies gilt für die oben aufgeführten Wahrnehmungspositionen (Ich, Du, Wir, Meta), die nun vorgestellt werden, nur zum Teil.

Wahrnehmungspositionen sind Submodalitäten

Die Ich-Position ist die assoziierte Betrachtung der Welt mit meinen Augen. Das heißt, ich betrachte, interpretiere und bewerte alles auf Grundlage meiner inneren Landkarte.

Ich-Position

Du-Position Die Du-Position ist das Hineinassoziieren in die Landkarte eines anderen. Das heißt, ich versuche, mich in die Lage meines Gegenübers zu versetzen und die Welt aus seinen Augen zu sehen. Dies geht natürlich nur bedingt, doch ist es erstaunlich, auf welche neuen Blickwinkel ich kommen kann, wenn ich versuche, auf die Welt mit den Augen eines anderen zu blicken. Ich bin zwar immer noch ich, doch komme ich auf Gedanken und Einsichten, auf die ich vorher so nicht gekommen wäre. Diese Fähigkeit, in die Du-Position zu gehen, wird von vielen Menschen sogar als ein wesentlicher Faktor für den persönlichen Erfolg angesehen:

„Wenn es ein Geheimnis des Erfolges gibt, so ist es dieses: Den Standpunkt des anderen zu verstehen und die Dinge mit seinen Augen zu betrachten.“

(HENRY FORD)

Wir-Position Die Wir-Position ist die erweiterte Ich-Position. Durch Verbinden der Ich- und der Du-Position sowie das Verbinden der unterschiedlichen Blickwinkel, Werte und Ziele kann eine neue Position der Gemeinsamkeiten gefunden werden. Die Wir-Position akzeptiert sowohl die Welt der Ich- wie auch die Welt der Du-Position und schafft dadurch eine neue gemeinsame Landkarte. Ausgehend von dieser neuen Landkarte, gibt es neue Ansätze zur Lösung von Problemen.

Meta-Position Die Meta-Position ist immer eine dissoziierte Position. Hier verlässt man bewusst die aktuelle Situation und stellt sich auf eine äußere, beobachtende Position bzw. auf einen „Feldherrnhügel", um einen besseren Überblick zu bekommen. Da die persönliche Beteiligung auf dieser Position gering ist, können neue Aspekte und vor allem Zusammenhänge besser erkannt werden, als wenn dies aus einer Position mit starker emotionaler Beteiligung heraus erfolgen würde.

Wie Sie sich wahrscheinlich schon gedacht haben, sind alle oben besprochenen Positionen bedeutsam, da sie unterschiedliche Mosaiksteinchen in der Betrachtung einer Situation liefern können. Keine Position ist einer anderen übergeordnet. Sie haben lediglich unterschiedliche Qualitäten aufzuweisen, die bewusst zur Konfliktlösung genutzt werden können. Der flexible Wechsel zwischen diesen Positionen kann so eine Basisfertigkeit zur Klärung von Konfliktsituationen werden.

Ein Wechsel der Wahrnehmungsposition kann nützlich sein

Conclusio

Sie kennen nun unsere fünf analogen Repräsentationssysteme (RS) – visuell, auditiv, kinästhetisch, olfaktorisch, gustatorisch – und haben sich mit den Unterscheidungsmöglichkeiten in diesen Systemen beschäftigt, die auch Submodalitäten genannt werden. Jeder von uns hat unterschiedliche Präferenzen, was diese RS angeht, wodurch auch Missverständnisse zwischen Personen entstehen können. Außerdem haben Sie die unterschiedlichen Wahrnehmungspositionen kennengelernt – Ich, Du, Wir und Meta – sowie die grundsätzliche Unterscheidung zwischen assoziierter und dissoziierter Wahrnehmung. Diese Wahrnehmungspositionen ermöglichen es uns, aus einer neuen Perspektive auf eine Situation zu blicken und so zu neuen Erkenntnissen und Bewertungen zu kommen.

Damit ist die Einführung in die methodischen Grundlagen abgeschlossen. Doch woher weiß ich überhaupt, dass ich mich am Beginn eines Konfliktes befinde? Schließlich ist es einfacher, einen Konflikt in einer frühen Phase zu lösen als in einer späten Phase. Beim Erkennen der ersten Anzeichen soll Ihnen der nächste Abschnitt behilflich sein.

2.6 Wie erkenne ich frühzeitig Konflikte?

Wir hatten schon in der Einleitung erwähnt, dass ein Konflikt nur im Kopf einer Person beginnt – zum Beispiel ausschließlich in unserem Kopf. Gleichzeitig ist es die Regel, dass der Konflikt dort nicht bleibt und es bald verschiedene Konfliktparteien gibt. Doch inwieweit haben diese Parteien ebenfalls einen Konflikt in der fraglichen Sache? Dies ist naturgemäß lediglich eine Frage am Ende der latenten Phase des Konfliktes. Sobald es ein deutlich sichtbarer Konflikt ist, stellt sich die Frage nicht mehr, da dann die Konfliktsignale für alle sichtbar sind. Doch wir möchten den Konflikt ja so einfach wie möglich aus der Welt schaffen. Dafür ist es eben hilfreich, ihn schon so früh wie möglich anzugehen. Und genau für den Moment, in dem die latente Phase zu Ende geht und vielleicht schon der für alle sichtbare Konflikt auf der Schwelle steht, ist es hilfreich, sich über mögliche Konfliktsignale im Klaren zu sein. Diese Signale des Gegenübers haben einen zweifachen Nutzen für Sie: Erstens geben sie Ihnen Auskunft über den Status des Konfliktes. Zweitens, und dies ist der wichtigere Nutzen, können diese Konfliktsignale als Ansatzpunkt für eine erste Konfliktbearbeitung genutzt werden. Was können nun mögliche Konfliktsignale sein? Nun, alles, was Sie beim Gegenüber sehen und hören können und vom üblichen Verhalten des Gegenübers abweicht. Dies können sehr deutliche und auch recht schwache Signale sein. Allerdings sollten alle Signale beobachtbar sein. So ist zum Beispiel Nervosität an sich nicht direkt zu beobachten. Sie können es nur erschließen. Es ist eine Interpretation beobachteter Körpersignale und Verhaltensweisen, wie zum Beispiel rote Flecken am Hals, Schweißperlen auf der Stirn, Spielen mit einem Stift usw.

Konfliktsignale des Gegenübers kennen und nutzen Die Unterscheidung von beobachtbaren Verhaltensweisen und Körpersignalen auf der einen und Interpretationen und Bewertungen auf der anderen Seite sind von großer Bedeutung für die Nutzung der Konfliktsignale im Sinne einer ersten Konfliktbearbeitung. Daher sei hier nur kurz daran erinnert, dass wir nur das beobachten, was wir mit unseren fünf Sinnen wahrnehmen können. Und das schließt Gefühle und Gedanken unseres Gegenübers aus. Wenn wir diesen Informationen eine Bedeutung verleihen (zum Beispiel rote Flecken am Hals als Nervosität erkennen), dann ist das erst einmal unsere Interpretation. Wenn wir von dem interpretierten Verhalten auf eine mögliche Ursache oder Motivation schließen (zum Beispiel Nervosität als Ausdruck des schlechten Gewissens), so ist das ebenfalls nur unsere Interpretation und muss nichts mit der Realität unseres Gegenübers zu tun haben. In Konfliktsituationen neigen wir außerdem dazu, sehr selektiv Signale unseres Gegenübers wahrzunehmen und in eine bestimmte Richtung zu interpretieren und zu bewerten. Dies wird dann allgemein Tunnelblick genannt, da Informationen links und rechts der vorgebahnten Meinung nicht mehr oder kaum noch bemerkt werden (können). Daher ist es umso wichtiger, dass wir den automatischen und blitzschnellen Prozess von Wahrnehmung, Interpretation, Bewertung und Reaktion bewusst verlangsamen. Und genau dies tun wir, wenn wir uns mit möglichen Konfliktsignalen unseres Gegenübers befassen. Mögliche Signale könnten sein:

Körperliche Signale wie rote Flecken im Gesicht, veränderte Mimik und Gestik, Zittern, steife Haltung, hektische Bewegung, flache Atmung usw.

Verbale Äußerungen wie Ironie, Sarkasmus, Ja-Aber-Spielchen, Abwertungen, Häufung von Phrasen, Veränderung von Ton, Geschwindigkeit und/oder Lautstärke, Schwarz-Weiß-Argumentation usw.

Arbeitsverhalten wie hohe Fehlerquote, Verlangsamung, geänderter Informationsfluss, CC und BCC in E-Mails, Koalitionsbildung, Hilfe verweigern, Dienst nach Vorschrift, Sabotage usw.

Sonstiges Verhalten wie fehlender Blickkontakt, keine Begrüßung, Veränderung im zeitlichen Umfang des Kontakts, Un-
pünktlichkeit und Unzuverlässigkeit, Ignoranz usw.

Konfliktsignale
sind erkennbar
nur im Vergleich
zum sonst üblichen
Verhalten

Dies sind natürlich nur Beispiele und vieles lässt sich auch nur
dann als ein mögliches Signal für einen Konflikt interpretieren,
wenn man einen Vergleich zum sonst üblichen Verhalten hat
(manchmal braucht man allerdings auch keinen Vergleich wie
bei einer Ohrfeige oder Ähnlichem). Zur Sammlung von möglichen Konfliktsignalen in Bezug auf den vorliegenden Konflikt
können Sie folgende, im Kreis angeordnete Skalen nutzen. Die
Skalen sind bewusst sehr grob aufgeteilt in schwache, mittlere
und deutliche Signale, da eine feinere Unterteilung in der Praxis oft wenig Sinn macht. Versuchen Sie, so nah wie möglich bei
reinen Verhaltensbeobachtungen zu bleiben; das erleichtert den
zweiten Schritt, den wir für eine erste Konfliktbearbeitung
brauchen.

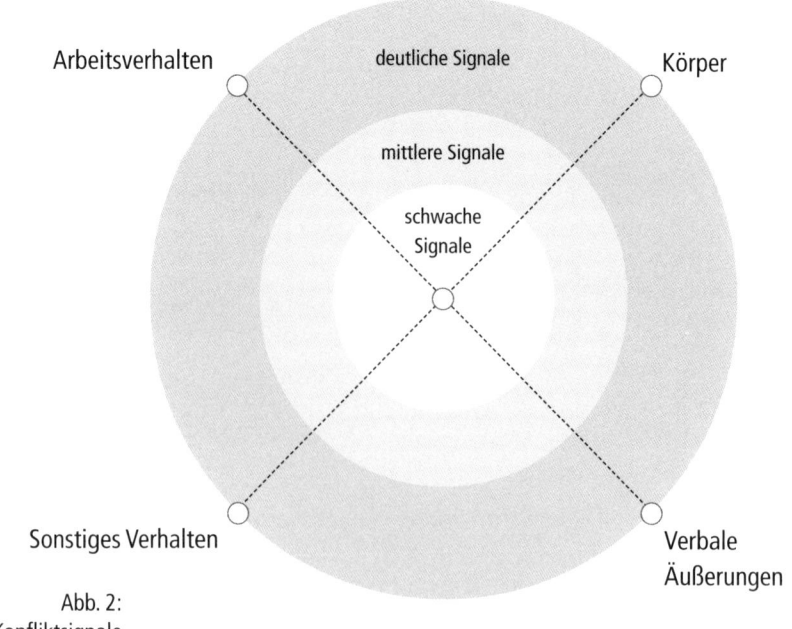

Abb. 2:
Konfliktsignale

Notieren Sie bitte in Ihrem Notizbuch einige Konfliktsignale, die Ihnen in Bezug auf Ihren aktuellen Fall bewusst geworden sind:

....

Arbeit mit dem Notizbuch

_____

_____

....

Nun schauen Sie sich die gesammelten Signale noch einmal an und suchen Sie nach alternativen Interpretationen zu den Beobachtungen. Dies soll Ihren Blickwinkel erweitern und vorschnelle Schlüsse vermeiden. Welche Eigendynamik die Interpretation von Verhalten entwickeln kann, ist in der folgenden Geschichte treffend dargestellt:

Ein Mann will ein Bild aufhängen. Den Nagel hat er, nicht aber den Hammer. Der Nachbar hat einen. Also beschließt unser Mann, hinüberzugehen und ihn auszuborgen. Doch da kommt ihm ein Zweifel: Was, wenn der Nachbar mir den Hammer nicht leihen will? Gestern schon grüßte er mich nur so flüchtig. Vielleicht war er in Eile. Aber vielleicht war die Eile nur vorgeschützt, und er hat was gegen mich. Und was? Ich habe ihm nichts getan; der bildet sich da etwas ein. Wenn jemand von mir ein Werkzeug borgen wollte, ich gäbe es ihm sofort. Und warum er nicht? Wie kann man einem Mitmenschen einen so einfachen Gefallen abschlagen? Leute wie dieser Kerl vergiften einem das Leben. Und dann bildet er sich noch ein, ich sei auf ihn angewiesen. Bloß weil er einen Hammer hat. Jetzt reicht's mir wirklich. – Und so stürmt er hinüber, läutet, der Nachbar öffnet, doch noch bevor er „Guten Tag" sagen kann, schreit ihn unser Mann an: „Behalten Sie doch Ihren Hammer, Sie Rüpel!"

(AUS: ANLEITUNG ZUM UNGLÜCKLICHSEIN VON PAUL WATZLAWICK)

Beispiel: Die Geschichte mit dem Hammer

In diese Falle tappen Sie nun nicht mehr, da Sie zwischen Beobachtungen und Interpretationen unterscheiden können. Sie haben nun auch schon die Signale Ihres Gegenübers aufgeschrieben und sind sich nach einer ersten kritischen Überprüfung sicher, dass auch Ihr Gegenüber einen Konflikt empfindet.

Ein Konflikt muss angesprochen werden Was machen Sie nun mit dieser Erkenntnis? Ansprechen! Genau! Dies ist der zweite Nutzen, wenn man sich frühzeitig mit Konfliktsignalen auseinandersetzt: Man kann den Konflikt bereits in einer Phase ansprechen, in der die Emotionen noch nicht so heiß sind, dass der Kontakt an sich schon schwierig wird. Jetzt kommt es noch auf das Wie an. Jemanden anzusprechen und schlicht zu fragen „Hast Du ein Problem?", ist nicht immer das ideale Mittel der Wahl; vor allem dann nicht, wenn man in der Wahrnehmung des Gegenübers wahrscheinlich selbst Teil dieses Problems ist. Es geht also darum, den Konflikt so anzusprechen, dass der andere sich nicht unnötigerweise bedrängt fühlt. Dazu gehört, dass wir den rechten Ort und die rechte Zeit abpassen. Die Leute warten ja üblicherweise nicht den ganzen Tag darauf, dass wir sie auf wahrgenommene Konfliktsignale ansprechen. Also sollten wir sicherstellen, dass unser Gegenüber die Zeit hat, sich auf ein Gespräch einzulassen. Gleichzeitig ist auch wieder die oben getroffene Unterscheidung zwischen Wahrnehmung und Interpretation wichtig, da es unserem Gegenüber hilft, wenn er nachvollziehen kann, wie wir darauf kommen, dass etwas nicht in Ordnung ist. Daher gilt es, beim Ansprechen eines möglichen Konfliktes folgende Regeln zu beachten:

Annahme: Jeder geht von seiner eigenen Landkarte der Welt aus und daher ist jede Wahrnehmung subjektiv.

Regel: *Ich spreche von meiner Wahrnehmung, also von „ich" und nicht von „man".*

Annahme: Nur das Verhalten ist wahrnehmbar, im Gegensatz zu Persönlichkeitsmerkmalen (zum Beispiel „wandert mit Blicken sein Gegenüber von oben nach

	unten ab und verzieht die Mundwinkel nach unten" versus „arrogant").
Regel:	*Ich beschreibe konkrete Situationen und Verhaltensweisen, das heißt, ich rede möglichst bildlich und beschreibend.*
Annahme:	Der Sinn meiner Kommunikation ist die Reaktion meines Gegenübers.
Regel:	*Ich sage meinem Gegenüber, aus welchem Grund ich ihm das alles sage und was ich von ihm möchte. Ich bin explizit in meinen Wünschen bezüglich seiner Reaktionen.*
Annahme:	Es geht um einen Abgleich der Landkarte und nicht um das Durchsetzen meiner Landkarte.
Regel:	*Mein Gegenüber sollte die Möglichkeit haben, offen auf meine Wahrnehmung respektive Frage zu reagieren.*

In der Praxis könnte das dann folgendermaßen aussehen:
„Guten Tag, Herr Hövel! Haben Sie kurz Zeit? Ich wollte etwas mit Ihnen besprechen … Danke!
Während der letzten zwei Wochen ist mir aufgefallen, dass Sie in unseren Besprechungen kaum noch das Wort ergreifen. Im Meeting gestern zum Beispiel habe ich Sie kein einziges Mal gehört. Da ich Sie sonst ganz anders erlebe, habe ich mich gefragt, ob das etwas mit unserer letzten Gehaltsrunde zu tun hat, die ja am Anfang des Monats abgeschlossen wurde und bei der Sie leider leer ausgegangen sind? Ist das vielleicht so oder gibt es einen anderen Grund für die geringere Teilnahme?"

Nun hat Herr Hövel die Möglichkeit, etwas zu der Situation aus seiner Sicht zu sagen. Dabei sollte man nicht zu viel von seinem Gegenüber erwarten.

Oder stellen Sie sich folgende Situation vor:
„Hallo Uschi (die Nachbarin)! Hast du einen Moment Zeit? Ich wollte kurz mit dir über meine Geburtstagsfeier vor zwei

Wochen sprechen. Wie du weißt, hatte ich nur meine Familie eingeladen und eine alte Freundin aus England, die ich schon fünf Jahre nicht gesehen hatte. Wir haben uns seit der Zeit gar nicht mehr gesprochen. Manchmal hatte ich fast das Gefühl, dass du mir ein wenig aus dem Weg gehst. Nun bin ich mir nicht sicher, ob du vielleicht enttäuscht warst, dass du und Herbert nicht von mir eingeladen wurdet …"

Einladung zur Klärung

Das Ansprechen in der oben beschriebenen Form ist eine Einladung. Und eine Einladung unterscheidet sich von einer Anweisung dadurch, dass man sie auch ablehnen kann. Wenn im ersten Beispiel Herr Hövel die Einladung nicht nutzen möchte, kann ich sie gegebenenfalls an der einen oder anderen Stelle noch einmal wiederholen, aber ich kann ihn nicht zwingen. Dies gilt auch, wenn mein Gegenüber mit gepresster Stimme und krauser Stirn sagt „Is nix!", also sein Tonfall und seine Mimik etwas anderes sagen als seine inhaltliche Aussage. Dies kann ich natürlich ebenfalls in der oben beschriebenen Art und Weise als Rückmeldung geben. Dennoch gilt auch hier weiterhin, dass meine Rückmeldung über wahrgenommene Konfliktsignale lediglich eine Einladung zu einem ersten Klärungsgespräch sein kann.

Klärung eines Konfliktes ist Ausdruck von Wertschätzung

Genauso gut könnte es allerdings auch sein, dass der Angesprochene die Einladung annimmt und bestätigt, dass es ein Problem oder einen Konflikt gibt. Das kann die angesprochene Gehaltsrunde oder die Geburtstagsfeier, aber auch etwas ganz anderes sein. Damit waren wir Geburtshelfer des Konfliktes und schreiten mit erhobenem Haupt in die Phase des sichtbaren Konfliktes. Dies ist durchaus positiv, da man den Konflikt nur hier direkt bearbeiten und lösen kann. Dazu sollte dann aber auch die Zeit sein. Wenn mein Gegenüber sich öffnet und mir mitteilt, wo er den Konflikt sieht, wäre es nicht sehr höflich zu sagen: „Schön, dann können wir ja mal später darüber reden." Da Zeit heutzutage sehr stark mit Wertschätzung und Anerkennung gekoppelt ist, wäre dies eben kein Ausdruck von

Wertschätzung. Wenn Sie also Konfliktsignale ansprechen und Ihr Gegenüber die Einladung annimmt, sollten Sie auch so viel Zeit mitgebracht haben, um in einer ersten Runde über den Konflikt selbst zu sprechen. Das heißt nicht, dass der Konflikt auch sofort gelöst werden muss.

Wir haben übrigens noch eine dritte mögliche Reaktion unseres Gegenübers: die Überraschung. Es könnte ebenfalls sein, dass unser Gegenüber von unserer Wahrnehmung überrascht ist, da sein Verhalten rein gar nichts mit einem Problem oder Konflikt in Bezug auf unsere Person zu tun hat. So könnte zum Beispiel unser Herr Hövel seit zwei Wochen intensiv darüber nachdenken, ob er den Heiratsantrag seiner Freundin nun annehmen sollte oder eher nicht. Dies könnte zu den gleichen Symptomen geführt haben wie die vermutete Enttäuschung über die ausgebliebene Gehaltserhöhung, hätte aber gänzlich andere Konsequenzen auf unser Verhalten Herrn Hövel gegenüber.

Offenheit für Überraschungen unterstützt die Konfliktklärung

Conclusio

In diesem Abschnitt ging es darum, Ihre Sensibilität für mögliche Konfliktsignale zu erhöhen und Ihnen einen Weg aufzuzeigen, wie man den möglichen Konflikt ansprechen kann. Dabei ist es wichtig, zwischen der eigenen Beobachtung und Interpretation zu unterscheiden. Werden die Konfliktsignale angesprochen, so kann der Konflikt damit auf den Tisch kommen, es kann ein Missverständnis aufgeklärt werden oder die Einladung zur Besprechung der Probleme kann auch abgelehnt werden. Konfliktsignale sollten so früh wie möglich angesprochen werden, da in einer frühen Stufe Konflikte oft einfacher zu lösen sind.

Nachdem wir uns das Rüstzeug für das Selbstcoaching erworben haben, geht es im folgenden Kapitel um uns und eine möglichst gute Vorbereitung für die Klärung des Konfliktes.

3 Die persönliche Ebene – Umgang mit Gefühlen

Ziel
Die persönliche und vor allem die emotionale Grundlage zur Lösung des Konfliktes entwickeln und die eigene Sichtweise auf den Konflikt durch vielfältige neue Perspektiven erweitern.

Nutzen
Sie sind in der Lage, die eigenen Emotionen und die eigenen Anteile am Konflikt besser zu erkennen, zu verstehen und sie konstruktiv für die Lösung des Konfliktes zu nutzen.

Kernpunkte
▶ Die reine Sachlichkeit kann es nicht geben. Im Gegenteil, die Beachtung der eigenen Emotionen gehört zu jeder nachhaltigen Konfliktlösung dazu.

▶ Als Selbstcoach lernt man, sich bewusst in unterschiedliche Positionen hineinzuversetzen. Nur so kann es zu neuen Einsichten kommen.

▶ Wir sind viele! Auch in uns gibt es in der Regel unterschiedliche Sichtweisen zum aktuellen Konflikt.

3.1 Wie soll ich mit meinen Gefühlen umgehen?

„Nun lass uns doch sachlich bleiben!" ist ein beliebter Ausspruch im Arbeitsleben wie auch im privaten Bereich. Wenn ich als Trainer in Konfliktmanagementseminaren tätig bin, ist ein häufiges Anliegen von Teilnehmern „Emotionen aus dem Konflikt heraushalten".

Die schlechte Nachricht ist: Das ist leider nicht möglich, da es keine komplexere Informationsverarbeitung ohne Emotionen gibt. Die gute Nachricht ist: Das macht nichts, denn Sie können Emotionen für die Konfliktlösung nutzen! **Ohne Emotionen geht's nicht**

Eine Emotion entsteht üblicherweise dann, wenn wir ein Ereignis wahrnehmen, welches für uns und unsere Ziele relevant ist. Die Emotion fällt positiv oder negativ aus, je nachdem, ob das Ereignis unseren Zielen oder uns eher nützlich oder eher schädlich erscheint. Im Fall des Konfliktes wird das Ereignis wohl eher negativ mit Blick auf unsere eigenen Anliegen bewertet. Die Folge ist, dass recht schnell unser Gesamtorganismus in Handlungsbereitschaft versetzt wird. So bestimmen wir dann auch unter anderem die Priorität von auszuführenden Handlungen. Je stärker die Emotion ist, desto stärker ist in der Regel auch die Handlungsbereitschaft – außer wir sind in einer Art Schreckstarre gefangen. Wenn wir uns zum Beispiel in jemanden verliebt haben, so steigt unsere Handlungsbereitschaft, die Nähe dieser Person zu suchen, enorm. Außer, wie gesagt, dass ich mich in einer Art Schreckstarre befinde, wenn ich mich dem Ziel meiner Begierde nähere, was dann schnell zu anderen, nicht so schönen Emotionen wie Frust und Trauer führen kann. Welche Emotionen auch immer in mir entstehen, sie können als Energielieferanten für mein Handeln angesehen werden. Gleichzeitig mit der Handlungsbereitschaft werden allerdings auch fertige Handlungs- und Wahrnehmungsmuster aktiviert. Damit liefern Emotionen nicht nur die Energie, **Starke Emotionen = große Handlungsbereitschaft** sondern auch ein komplettes Programm, wie mit einer bestimmten Situation umgegangen werden sollte. In Gefahrensituationen geschieht dies übrigens im Gehirn auch ohne Beteiligung höherer Hirnregionen wie dem Neokortex (dem Bewusstsein zugänglich), sondern wird direkt durch das Zusammenspiel von Thalamus und Mandelkern initiiert – deren Arbeit uns in der Regel verborgen bleibt. Diese Teile des Gehirns sind, neben anderen, für unsere Emotionen und entsprechende Handlungsmuster zuständig. Nun sind diese fertigen Handlungs- und Wahrnehmungsmuster aber zum Teil veraltet (da sie eher für „Neandertaler" gedacht waren) oder nicht spezifisch genug, da sie in einer ähnlichen, aber eben nicht identischen Situation gelernt wurden.

Nutzen Sie Emotionen für die Konfliktlösung Was heißt das nun für unseren Weg zur Konfliktlösung? Als Erstes bedeutet dies, dass Emotionen zu jeder Konfliktsituation dazugehören und sich nicht ausschalten lassen. Sind sie stark genug, helfen Sie uns, die Situation als solche anzunehmen, das heißt, wir können sie nicht mehr ignorieren, sondern müssen handeln (wesentlicher Aspekt des Selbstcoachings, siehe Kapitel 2 „Das Rüstzeug"). Damit liefern Emotionen uns die notwendige Motivation, den Konflikt anzugehen. Achten Sie also auf Ihre Emotionen, und nutzen Sie diese als Signalgeber, dass etwas eventuell nicht stimmt. Kämpfen Sie nicht gegen Ihre Emotionen in Konfliktsituationen an, sondern nutzen Sie deren Signalwirkung! Zum Beispiel:

▓ Achtung Gefahr! → Es ist eine erhöhte Aufmerksamkeit gefordert!

▓ Vorsicht! Reflexartige Bewertung! → Der erste Eindruck ist in dieser Situation nicht immer der treffendste Eindruck. Überprüfen Sie Ihre Wahrnehmung und sprechen Sie darüber mit anderen Menschen: „Was hast du gehört / gesehen und was heißt das für dich?" Beugen Sie dem Tunnelblick vor.

▓ Energie nutzen! → Nutzen Sie den Handlungsdruck, den Emotionen liefern, und setzen Sie sich aktiv mit der Situation auseinander. Vertrauen Sie allerdings nicht unreflektiert auf Ihre fertigen Handlungs- und Wahrnehmungsmuster, da diese nicht immer im Sinne einer gewünschten, zeitgemäßen Konfliktlösung sind.

Gleichzeitig sind Emotionen auch für den Abschluss eines Konfliktes wichtig. Wenn Sie zu einer Klärung des Konfliktes gekommen sind, sollte das nicht nur für Ihren „Kopf" in Ordnung sein, sondern in gleicher Weise auch für Ihren „Bauch". Auch hier dienen uns unsere Emotionen wieder als Signalgeber: Ist alles erledigt oder gibt es noch offene bzw. unbefriedigende Punkte? Da es keine Entscheidungsfindung ohne die Beteiligung von Emotionen geben kann – einfach aufgrund der Funktionsweise unseres Gehirns –, sollten Sie Ihre Emotionen so bewusst wie möglich auch in die Entscheidung darüber einbeziehen, ob der Konflikt beendet werden kann (wie man das praktisch macht, wird unten im Kapitel 3.5 „Aktion: Teilekonferenz – Welche Ziele verfolge ich wirklich?" beschrieben).

Eine Konfliktlösung sollte sowohl für den Kopf wie auch für den Bauch stimmig sein

Wie fühlen Sie sich eigentlich gerade jetzt? Gut? Es geht so? Oft können wir unsere Emotionen nicht genau beschreiben, weil uns das Vokabular zur Beschreibung unserer Emotionen fehlt. Daher ist ein erster Schritt, Emotionen zu nutzen, sich mit ihnen vertraut zu machen. Dazu möchte ich Ihnen eine Einteilung der Emotionen nach Robert Plutchik anbieten, in der er, ausgehend von acht Basisemotionen (Angst, Ärger, Freude, Traurigkeit, Vertrauen, Ekel, Antizipation und Überraschung) ein Kreismodell zur Beschreibung aller biologischer Basisemotionen und daraus entstehenden Mischformen darstellt. Ähnliche Emotionen liegen näher zusammen und gegensätzliche liegen weiter voneinander entfernt.

Kennen Sie Ihre Gefühle?

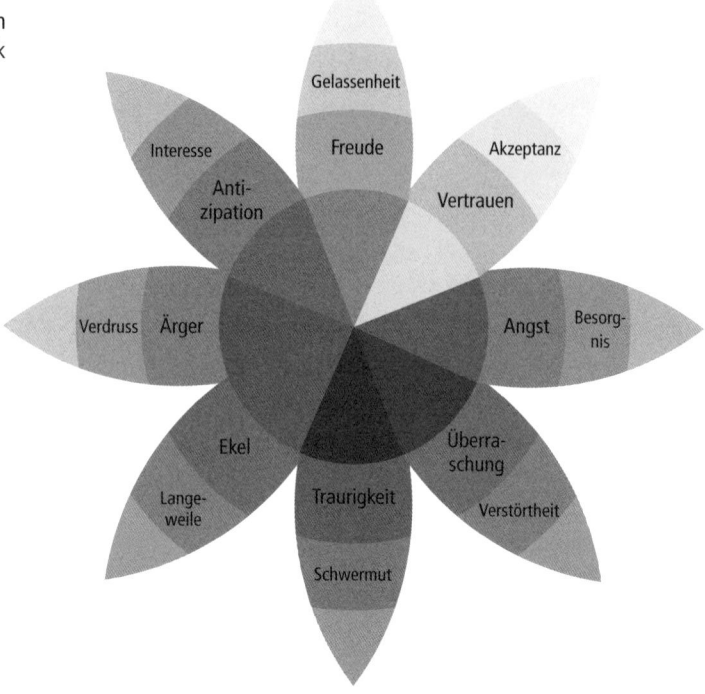

Wenn Sie sich nun das Kreismodell anschauen und sich mit den Basisemotionen und einiger ihrer Ausformungen etwas vertraut machen, wie würden Sie nun Ihre Emotionen mit Blick auf den Konflikt beschreiben? Bitte schreiben Sie Ihre Emotionen in Bezug auf den Konflikt kurz auf:

Arbeit mit dem Notizbuch

_____

_____

_____

Schauen Sie sich, nachdem Sie sich Ihre Emotionen bewusst gemacht und aufgeschrieben haben, bitte die Zuordnung folgender grundlegender Funktionen zu den entsprechenden Basisemotionen an:

Basisemotion	Biologische Funktion
Angst	Schutz
Ärger	Zerstörung
Freude	Fortpflanzung
Traurigkeit	Reintegration
Akzeptieren, Vertrauen	Aufnehmen
Ekel	Zurückweisen
Antizipation	Erkunden
Überraschung	Orientierung

Welche Funktion haben nun Ihre Emotionen in Bezug auf die konflikthafte Situation? Können Sie Funktionen der Basisemotionen auf Ihre Emotionen übertragen? Wie hilfreich wäre diese Funktion zur Lösung des Konfliktes? Was sind weniger hilfreiche Funktionen in der aktuellen Situation? Notieren Sie bitte Ihre Erkenntnisse:

....

Arbeit mit dem Notizbuch

Diese kurze Reflexion über die eigenen Emotionen sollte dazu dienen, Ihre Sensibilität für die eigenen Emotionen zu schärfen. Wie man die eigenen Emotionen so beeinflussen kann, dass sie möglichst unsere Konfliktlösung unterstützen, werden Sie im nächsten Abschnitt lernen.

Conclusio

Emotionen gehören zu jeder wesentlichen Informationsverarbeitung dazu. Es gibt keine rein sachlichen Entscheidungen, ohne die emotionale Einfärbung durch die Person. Daher macht es keinen Sinn, gegen Emotionen in einem absoluten Sinne vorzugehen. Es geht darum, Emotionen als Signalgeber und Energielieferant für die aktive Auseinandersetzung mit der Situation zu nutzen und Emotionen bewusst in die Entscheidung über die Beendigung des Konfliktes mit einzubeziehen. Dazu ist es hilfreich, sich seiner eigenen Emotionen bewusst zu sein und diese auch beschreiben zu können.

Im Folgenden geht es darum, sich für die Auseinandersetzung mit dem Konflikt in einen emotional positiveren Zustand zu versetzen, damit der eigene Blick nicht durch negative Emotionen zu sehr getrübt wird.

3.2 Ein Exkurs zu psychologischen Hintergründen von Emotionen

Als Emotionen bezeichnet man einen Aktivierungszustand des Gesamtorganismus, der sowohl das subjektive Erleben (Gefühle), die bewusste und unbewusste Informationsverarbeitung (Kognitionen), die physiologische Anpassung (Aktivierung) wie auch damit in Verbindung stehendes Verhalten (Handlungen) umfasst. Der Begriff Emotion geht also deutlich über den Begriff Gefühl oder Empfindung hinaus. Emotionen werden im Wesentlichen durch die Informationsverarbeitung im Gehirn gesteuert. Dabei spielt das sogenannte limbische System (so wird eine Zusammenfassung verschiedener Strukturen im Gehirn genannt) eine zentrale Rolle. Hier ist auch der Mandelkern (die Amygdala) angesiedelt, der für die Steuerung von negativen emotionalen Reaktionen wie Aggression und Angst verantwortlich ist.

Allerdings ist unser Gehirn nicht mit einer einfachen Verkettung von Ein- und Ausschaltern zu verwechseln. So gibt es zum Beispiel zur Aktivierung des Mandelkerns zwei Wege: einen schnellen und einen langsameren. Der schnelle Weg aktiviert den Mandelkern und damit zum Beispiel die Aggressionssteuerung durch eine Information des Thalamus. Dadurch sind schnelle reflexartige Reaktionen möglich. Der langsamere Weg führt vom Thalamus über den Neokortex und damit über die dem Bewusstsein zugängliche Hirnregionen, bevor der Mandelkern und die entsprechenden Steuerungsprogramme aktiviert werden. Bei der Entstehung und weiteren Verarbeitung von Emotionen sind daher sowohl hirngeschichtliche ältere wie auch jüngere, dem Bewusstsein zugängliche und auch nicht zugängliche Bereiche beteiligt. Da dies aber kein Buch über biologische Psychologie werden soll, ist es hier lediglich wichtig, festzuhalten, dass unsere Emotionen durch Zentren im Gehirn entstehen, die über vielfältigste Verbindungen zu anderen Gehirnregionen verfügen. Noch bevor wir die Chance haben, neue Informationen bewusst und damit auch rational zu verarbeiten und zu einer Entscheidung zu kommen, wurde diese schon durch Hirnbereiche wie zum Beispiel der Amygdala bearbeitet, ohne dass wir darüber Kenntnis haben. Eine rein rationale Verarbeitung von Informationen und eine entsprechende Entscheidungsfindung, ohne die Beteiligung von Emotionen, sind daher schon rein biologisch nicht möglich!

Umso wichtiger ist es jedoch, eine Vorstellung darüber zu haben, welche Emotionen wir erleben können und welche Ursachen dies haben könnte. In der Psychologie unterscheidet man verschiedene Grundarten von Emotionen, sogenannte Basisemotionen, aus denen sich alle andere Emotionen zusammensetzen. Allerdings gibt es durchaus unterschiedliche Einteilungen und Beschreibungen dieser Basisemotionen. So gehen manche Autoren von nur vier Basisemotionen aus: Angst, Ärger, Freude und Trauer. Andere Autoren, wie zum Beispiel der oben erwähnte Robert Plutchik, gehen von acht oder mehr Basisemotionen aus. Nach diesen Ansätzen erfüllen Basisemotionen grundlegende biologische Funktionen (zum Beispiel Ekel zur Vermeidung von verdorbenem Essen oder Angst zur Vermeidung von zu großen Risiken) und sicherten damit das Überleben. Emotionen wollen uns bzw. unserem Organismus also immer etwas mitteilen und uns eine Handlung nahelegen (wie „Nicht essen!" oder „Schnell weg hier!").

Alle weiteren Emotionen neben den Basisemotionen sind demnach Mischemotionen, die aus zwei oder mehreren gleichzeitig auftretenden Basisemotionen entstehen. Dabei kann es dann auch sein, dass sich eine bereits bestehende Mischemotion mit einer weiteren Basisemotion vermengt und so wiederum eine neue Emotion entsteht. Und diese Mischemotionen lassen sich von uns besser verstehen, wenn wir eine Vorstellung darüber haben, aus welchen Basisemotionen sie entstanden sind. Auch wenn die Ansätze der Basisemotionen wissenschaftlich durchaus kontrovers diskutiert werden, helfen sie, uns mit unseren eigenen Emotionen, deren Beschreibung und auch deren Bedeutung auseinanderzusetzen. Und je besser wir unsere eigenen Emotionen kennen und uns mit deren „Botschaften" auseinandergesetzt haben, desto adäquater können wir natürlich auch reagieren. Dies ist nicht zuletzt auch ein Postulat aus dem Buch von Daniel Golemans Buch *Emotionale Intelligenz,* wonach die Schulung der eigenen emotionalen Intelligenz ebenfalls mit dem Kennen der eigenen Emotionen beginnt.

Weiterführende Literatur:

Ciompi, Luc: *Gefühle, Affekte, Affektlogik. Ihr Stellenwert in unserem Menschen- und Weltverständnis,* Picus Verlag, Wien 2002

Goleman, Daniel: *Emotionale Intelligenz,* Hanser Verlag, München 1995

Merten, Jörg: *Einführung in die Emotionspsychologie,* Kohlhammer Verlag, Stuttgart 2003

Plutchik, Robert: *Emotions and Life. Perspectives from psychology, biology, and evolution,* American Psychological Association, Washington 2003

Schandry, Rainer: *Biologische Psychologie,* Beltz PVU, Weinheim 2006

3.3 Aktion: Der kraftvolle Start

In dieser ersten Übung geht es darum, sich emotional für einen Konflikt zu rüsten. Auch wenn viele Prozesse der emotionalen Verarbeitung uns nicht direkt bewusst zugänglich sind, so können wir doch bewusst Einfluss auf unsere Emotionen nehmen. Für das Selbstcoaching ist es wesentlich, die Prozesse hinter dem eigenen Erleben so weit zu verstehen, dass Sie diese bewusst für Ihre Sache nutzen können. Sie haben gesehen, dass Emotionen zu jeder Situation dazugehören und dass sie fertige Handlungs- und auch Wahrnehmungsmuster initiieren können. Diese Wahrnehmungsmuster engen unseren Blick natürlich auch ein, da sie auf bestimmte Dinge (Was ist bedrohlich? Was ist nützlich? Womit kann ich umgehen?) fokussieren. Dadurch entsteht in Konflikten auch eine Art Eigendynamik, die nicht immer hilfreich sein muss. So wird aus meinem Kollegen sehr schnell der Konfliktpartner oder auch der Kontrahent oder vielleicht sogar der Feind. Mein Blick engt sich ein und ist nur noch auf die negativen Aspekte einer Situation oder einer Person fokussiert – der Tunnelblick entsteht. Dies gilt dann im Übrigen auch für mögliche Lösungen. So kann anfänglich eine Win-win-Lösung gesehen werden. Daraus kann im Laufe des Konfliktes dann eine Win-lose-Lösung oder sogar eine Lose-lose-Lösung werden. Damit diese Dynamiken sich nicht verselbstständigen, ist es wichtig, dass wir gut für unseren emotionalen Zustand sorgen können und damit unsere Wahrnehmung auch wieder bewusst breiter machen können, anstatt nur reflexartig zu reagieren.

Dazu möchte ich Sie nun an einen besonderen Ort führen. Dies ist Ihr persönlicher Ort guter Gefühle! Nach dieser Übung können Sie diesen Ort jederzeit aufsuchen und neue Kraft tanken, wenn Ihnen danach ist. Dies ist auch der ideale Ort, um vor einer Konfliktklärung oder zum Nachdenken über einen Konflikt den Kopf frei zu bekommen und sich wieder gut und kraftvoll zu fühlen.

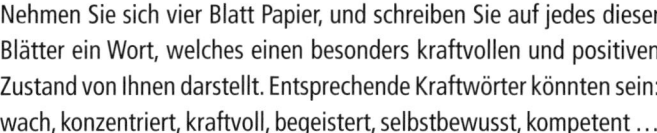

Übung

Nehmen Sie sich vier Blatt Papier, und schreiben Sie auf jedes dieser Blätter ein Wort, welches einen besonders kraftvollen und positiven Zustand von Ihnen darstellt. Entsprechende Kraftwörter könnten sein: wach, konzentriert, kraftvoll, begeistert, selbstbewusst, kompetent ...

Nun stellen Sie sich im Raum einen Kreis vor. Sehen Sie diesen Kreis direkt vor sich und malen Sie gedanklich den gesamten Kreis mit Ihrer Lieblingsfarbe aus. Schauen Sie sich den schönen, in Ihrer Lieblingsfarbe strahlenden Kreis an.

Legen Sie nun die vier Blatt Papier gleichmäßig um diesen gedachten, farbigen Kreis herum.

Stellen Sie sich auf das erste Blatt Papier mit Blick in den Kreis und empfinden Sie das Gefühl (im folgenden A genannt), das auf dem Blatt steht. Assoziieren Sie vollständig in das Gefühl hinein. Hilfreiche Anregungen können dazu sein:

- Wann haben Sie sich das letzte Mal richtig A gefühlt?
- Was war um Sie herum, als Sie A gefühlt haben?
- Was konnten Sie sehen oder hören?
- Wie genau hat sich A angefühlt?
- Wo im Körper haben Sie dieses Gefühl am stärksten empfunden?
- Wenn A einen Klang hätte, wie würde A klingen?

Spüren Sie A nun besonders intensiv und atmen Sie tief in das Gefühl hinein. Wenn Sie A besonders intensiv spüren, dann drücken Sie angenehm kraftvoll mit einer Hand das Handgelenk der anderen Hand und machen einen Schritt nach vorne in den Kreis mit Ihrer Lieblingsfarbe.

Bleiben Sie einen Moment lang stehen, halten Sie Ihr Handgelenk und spüren Sie, wie A noch intensiver wird.

Nun lassen Sie Ihr Handgelenk wieder los und treten aus dem Kreis heraus. Orientieren Sie sich kurz im Raum und strecken sich einmal kräftig bzw. lenken sich anders kurz ab.

Gehen Sie zum nächsten Blatt Papier, auf dem ein weiteres Kraftwort steht. Stellen Sie sich auf dieses Blatt und empfinden Sie das Gefühl (im folgenden B genannt), das auf dem Blatt steht. Assoziieren Sie wieder vollständig in das Gefühl hinein. Hilfreiche Anregungen können dazu sein:

■ Wann haben Sie sich das letzte Mal richtig B gefühlt?
■ Was war um Sie herum, als Sie B gefühlt haben?
■ Was konnten Sie sehen oder hören?
■ Wie genau hat sich B angefühlt?
■ Wo im Körper haben Sie dieses Gefühl am stärksten empfunden?
■ Wenn B einen Klang hätte, wie würde B klingen?

Spüren Sie B nun besonders intensiv und atmen Sie tief in das Gefühl hinein. Wenn Sie B besonders intensiv spüren, dann drücken Sie angenehm kraftvoll mit einer Hand Ihr anderes Handgelenk und machen einen Schritt nach vorne in den Kreis mit Ihrer Lieblingsfarbe.

Bleiben Sie einen Moment lang stehen, halten Sie Ihr Handgelenk und spüren Sie, wie B noch intensiver wird.

Nun lassen Sie Ihr Handgelenk wieder los und treten aus dem Kreis heraus. Orientieren Sie sich kurz im Raum und strecken sich einmal kräftig bzw. lenken sich anders kurz ab.

Diesen gesamten Vorgang wiederholen Sie bitte mit den beiden weiteren Kraftwörtern, die noch um den gedachten, farbigen Kreis liegen.

Wenn Sie den Prozess mit allen vier Kraftwörtern durchlaufen haben, haben Sie sich einen persönlichen Ort der Kraft geschaffen. Probieren Sie es aus! Sobald Sie sich besser und kraftvoller fühlen wollen, stellen Sie sich den farbigen Kreis vor, umfassen Ihr Handgelenk und machen (innerlich oder äußerlich) einen Schritt nach vorne. Sofort wird sich Ihr Körper an die kraftvollen Zustände erinnern und Sie werden sich besser fühlen.

Diese Übung nutzt etwas, was man Körper-Gedächtnis nennt. Unsere Erfahrungen und emotionalen Zustände sind nicht nur durch unseren Kopf gespeichert, sondern können auch durch Berührungen, körperliche Zustände oder Bewegungsabläufe gespeichert und wieder aktiviert werden. So können wir unser Körper-Gedächtnis nutzen, um uns selbst in einen positiveren emotionalen Zustand zu bringen. Das Umfassen des Handgelenks und der (innerlich oder äußerlich) vollzogene Schritt stellen eine Art Knopf dar, der Ihnen hilft, diesen Teil des Gedächtnisses zu aktivieren. Dieser Knopf wird im NLP Anker genannt, da innere Zustände verankert werden. Diese Art des körperlichen Lernens ist eine der ältesten Arten des Lernens in der menschlichen Evolution und läuft daher ohne bewusste Verarbeitung ab. Genau dies macht dieses Lernen so wirkungsvoll, wenn wir schnell einen bestimmten inneren Zustand erzeugen wollen.

Wenn Sie die Übung durchgeführt haben, schreiben Sie bitte Ihre Erkenntnisse in Ihr Notizbuch. Was sind die Kraftwörter, wie sieht der Kreis aus und wie haben Sie sich gefühlt? Wo im Körper war dieses Gefühl am stärksten? Legen Sie vielleicht noch einmal Ihre Hand auf diese Stelle, um mit dem Gefühl auch über diesen Weg noch einmal in Kontakt zu kommen. Schreiben Sie alles auf, was Ihnen durch den Kopf geht, damit es sich durch die Niederschrift besser setzen kann. Das Aufschreiben verstärkt den Effekt zusätzlich und Sie können sich selbst schneller in einen positiveren Zustand versetzen!

Arbeit mit dem Notizbuch

_____

_____

_____

Alternative Übung

Sie können Ihr Körper-Gedächtnis auch durch eine schöne Erinnerung aktivieren. Erinnern Sie sich doch einmal bewusst und intensiv an ein besonders schönes Urlaubserlebnis. Denken Sie dabei an möglichst viele Details und was Sie dort gesehen, gehört, gefühlt, geschnuppert und vielleicht sogar geschmeckt haben! Sie wollen es jetzt probieren? In Ordnung, dann schließen Sie gleich die Augen, stellen sich Ihre Lieblingsurlaubsszene vor und assoziieren Sie in die Urlaubsszene hinein:

Sehen: Was sehen Sie?
- ▓ Was und wen sehen Sie?
- ▓ Falls Sie Menschen sehen, wie sehen die Gesichter dieser Personen aus?
- ▓ Welche Farben sehen Sie? Welche Farben gefallen Ihnen am besten?
- ▓ Wie hell oder dunkel ist es? Können Sie Schatten sehen? Wie hell ist die Sonne?

Hören: Was hören Sie?
- ▓ Was können Sie hören?
- ▓ Welche Geräusche oder Stimmen gibt es?
- ▓ Wie ist der Klang dieser Geräusche oder Stimmen?
- ▓ Ist der Klang hoch oder tief?

Empfinden: Was fühlen Sie?
- ▓ Was fühlen Sie?
- ▓ Welche Gefühle sind besonders deutlich?

■ Welche Körperempfindungen nimmt Ihre Haut wahr?
■ Wie ist die Temperatur?

Riechen: Was riechen Sie?
■ Was können Sie riechen?
■ Wie leicht oder schwer ist der Geruch?
■ Woran erinnert Sie der Geruch?

Schmecken: Was schmecken Sie?
■ Was schmecken Sie gerade?
■ Welcher Geschmack liegt in der Luft oder auf Ihrer Zunge?

Genießen Sie einen Moment lang diesen assoziierten Zustand und drücken dann als Anker Ihr Handgelenk.

Auch nach dieser Übung sollten Sie Ihre Eindrücke in Ihr Notizbuch schreiben. An welche Urlaubsszene haben Sie sich erinnert? Welcher Eindruck war am deutlichsten? Welche Sinneseindrücke (Bilder, Geräusche, Empfindungen, Gerüche oder Geschmack) kamen vielleicht erst später dazu? Wo im Körper war die angenehme Emotion am deutlichsten zu spüren? Legen Sie Ihre Hand an diese Stelle, um noch einmal über diesen Weg in Kontakt mit dieser Emotion zu kommen.

Arbeit mit dem Notizbuch

Sie können ab jetzt diese Wege jederzeit nutzen, um sich in einen angenehmeren Zustand zu versetzen. Ich würde zwar nicht empfehlen, jeden negativen Zustand sofort durch schnelle Gegenmaßnahmen zu beseitigen, da diese Zustände ja auch wichtige Informationen und Einsichten für uns beinhalten. Gleichzeitig ist es jedoch gut zu wissen, wie wir unseren eigenen Gemütszustand positiv beeinflussen können.

3.4 Aktion: Wer, Wie, Was? – Die eigenen Anteile am Konflikt

Wer kennt das Lied der Sesamstraße nicht? „Wer, wie, was? Wieso, weshalb, warum? Wer nicht fragt, bleibt dumm." Damit uns das nicht passiert, wollen wir als Erstes unsere Sichtweise in Bezug auf den Konflikt und unsere eigene Anteile systematisch erkunden. Dazu nutzen wir die „Neurologischen Ebenen" nach Robert Dilts (1993). Als Erstes möchte ich Ihnen diese Ebenen kurz mit Bezug auf unser Konfliktverhalten vorstellen und Sie dann durch die Übung führen.

Die Umwelt Verhalten findet immer in einem bestimmten räumlichen, zeitlichen und sozialen Kontext statt. Diesen Kontext nennen wir zusammenfassend unsere (soziale) Umwelt. Wir sind nie isoliert von unserer Umwelt, sondern stehen immer in Beziehung zu ihr. Sie setzt den Rahmen, in dem wir uns bewegen. Unsere Umwelt beeinflusst uns, doch können wir natürlich auch unsere Umwelt beeinflussen. Die Frage in Bezug auf Konflikte ist demnach: *Welche Anteile in meiner Umwelt sind für meinen Konflikt bedeutsam?*

Unser Verhalten Wir verhalten uns immer und überall. Wir können uns nicht nicht Verhalten (siehe auch Watzlawick et al., 2011). Wir sind wach oder schlafen, wir atmen, wir drücken Gefühle und Stimmungen mit unserer Mimik, Gestik und unserer Stimme aus. Wir verhalten uns zielgerichtet und zum Teil auch weniger zielgerichtet. Aber alles Verhalten wirkt auf unsere Umwelt ein und beeinflusst sie damit. Die Frage in Bezug auf Konflikte ist demnach: *Welche meiner Verhaltensweisen haben einen relevanten Einfluss auf das Konfliktgeschehen?*

Welches Verhalten wir an den Tag legen, hängt ganz entscheidend von unseren Fähigkeiten ab. Wenn wir die französische Sprache nie erlernt haben, werden wir sie auch nicht sprechen können. Uns fehlt dann die entsprechende Fähigkeit. Man bringt eine ganze Menge an Fähigkeiten mit auf die Welt (zum Beispiel die Lernfähigkeit), und andere müssen wir uns aneignen (zum Beispiel Rechnen). Welche Fähigkeiten wir ausgebildet haben und welche uns (noch) nicht zur Verfügung stehen, beeinflusst entscheidend unsere Verhaltensmöglichkeiten im Konflikt. Die Frage in Bezug auf Konflikte ist demnach: Welche meiner vorhandenen oder nicht vorhandenen Fähigkeiten haben Einfluss auf den aktuellen Konflikt?

Unsere Fähigkeiten

Dies sind die Ideen, die unser Verhalten als Maßstab begleiten und zum Großteil bestimmen. Je nachdem, was wir für wichtig, gut und richtig halten, werden wir Situationen wahrnehmen, interpretieren, bewerten und dann entsprechend handeln. Es sind die Filter, durch die wir unsere Welt wahrnehmen und entsprechend reagieren. Veränderungen auf dieser Ebene können also durchaus direkte Auswirkungen auf den Erwerb und die Nutzung unserer Fähigkeiten haben bzw. unser Verhalten bestimmen. Die Frage in Bezug auf Konflikte ist demnach: *Welche Glaubenssätze, Werte und Normen beeinflussen meine Wahrnehmung und mein Verhalten im aktuellen Konflikt besonders stark?*

Glaube, Werte und Normen

Die Identität ist das geschlossene Bild, was wir über uns selbst haben und pflegen. Es ist eine Konstante über die Zeit, die uns vermittelt, dass wir trotz unterschiedlicher Fähigkeiten und Veränderungen in der Umwelt immer noch die gleiche Person sind. Die Identität umfasst damit alle vorher benannten Ebe-

Identität

nen und hält diese in einem organischen Ganzen zusammen. Die Frage in Bezug auf Konflikte ist demnach: *Was hat mein Selbstbild mit dem aktuellen Konflikt und seinem Verlauf zu tun?*

Zugehörigkeit Jeder Mensch fühlt sich zu einer Gruppe zugehörig – und sei es der Gruppe der Individualisten, die keiner Gruppe zugehören wollen. Wir streben alle nach einer positiven sozialen Identität, die uns hilft, in der Welt Orientierung zu finden. Wir definieren uns als Väter, Mütter, Psychologen, Berater, Maurer, Fußballfans, Hindus, Christen, Atheisten, Biertrinker, Weintrinker etc. Je nach Zugehörigkeit sind für uns bestimmte Normen, Werte, Fähigkeiten, Verhaltensweisen und Kontextbedingungen wichtig und bestimmen damit auch zu einem großen Teil unsere Identität. Diese Ebene ist demnach auch von besonderer Relevanz für die soziale Ebene der Konfliktlösung. Die Frage in Bezug auf Konflikte ist demnach: Welche Rolle spielt das Gefühl von Zugehörigkeit zu anderen Menschen im aktuellen Konflikt?

In der folgenden Übung geht es nun darum zu erkennen, welche eigenen Anteile im Konflikt betroffen sind. Dabei geht es nicht darum, wer wofür Verantwortung im Konflikt übernehmen sollte, sondern eher darum, auf welchen Ebenen Sie von dem Konflikt wie stark betroffen sind. Am Ende der Übung sollte Ihnen also die Bedeutung des Konfliktes und dessen Lösung für Ihre eigene Person deutlicher sein.

....

Übung

Bitte nehmen Sie sich sechs Blatt Papier und schreiben auf jedes Blatt eine der neurologischen Ebenen auf (Umwelt, Verhalten, Fähigkeiten, Glaube/Werte/Normen, Identität und Zugehörigkeit) und die jeweils dazu passende, in der Übersicht der Ebenen genannte Frage in Bezug auf den Konflikt.

Gestalten Sie die einzelnen Blätter so, dass sie für Sie ansprechend sind (einfach das Wort oder Wort und Bild oder Wort und Symbol oder Ähnliches). Legen Sie diese Blätter in einer senkrechten Reihe vor sich auf den Boden und stellen sich auf das erste Blatt, von dem aus Sie in fünf Schritten vorwärtsgehen.

Umwelt – Bitte beantworten Sie sich folgende Fragen:
- Zur Einstimmung: Was sehe ich gerade? Was höre ich? Was fühle ich? Was rieche ich? Was schmecke ich? Wo und mit wem bin ich gerade hier?

- Welche Anteile in meiner Umwelt sind für mich im aktuellen Konflikt bedeutsam? Was in meiner Umgebung ist nicht vom Konflikt betroffen? Überlegen Sie einen Moment.

Schreiben Sie Ihre Erkenntnisse in Ihr Notizbuch.

Verhalten – Bitte beantworten Sie sich folgende Fragen:
- Zur Einstimmung: Wie verhalte ich mich gerade? Was tue ich?

- Welche meiner Verhaltensweisen haben einen Einfluss auf das Konfliktgeschehen? Welches Verhalten zeige ich nicht, obwohl ich es könnte? Überlegen Sie einen Moment.

Schreiben Sie Ihre Erkenntnisse in Ihr Notizbuch.

Fähigkeiten – Bitte beantworten Sie sich folgende Fragen:
- Zur Einstimmung: Was kann ich gut? Wie führe ich meine Handlungen aus? Welche Fähigkeiten stecken hinter meinem Verhalten?

- Welche meiner vorhandenen Fähigkeiten hat Einfluss auf den aktuellen Konflikt? Welche Fähigkeiten wären noch wichtig für die Konfliktlösung? Überlegen Sie einen Moment.

Schreiben Sie Ihre Erkenntnisse in Ihr Notizbuch.

Glaube, Werte, Normen – Bitte beantworten Sie sich folgende Fragen:

- Zur Einstimmung: Was ist mir wichtig? Wonach strebe ich? Wie hängen die Dinge zusammen? Woran orientiere ich mich?

- Wie beeinflussen meine Glaubenssätze, Werte und Normen meine Wahrnehmung und mein Verhalten im aktuellen Konflikt? Welche Glaubenssätze, Werte und Normen machen die Konfliktlösung schwieriger? Welche machen Sie einfacher? Überlegen Sie einen Moment.

Schreiben Sie Ihre Erkenntnisse in Ihr Notizbuch.

Identität – Bitte beantworten Sie sich folgende Fragen:

- Zur Einstimmung: Welches Bild habe ich von mir? Wer bin ich? Was macht mich aus?

- Was hat mein Selbstbild mit dem aktuellen Konflikt und seinem Verlauf zu tun? Welche Teile meiner Persönlichkeit helfen der Konfliktlösung und welche Teile sind im Moment eher hinderlich? Überlegen Sie einen Moment.

Schreiben Sie Ihre Erkenntnisse in Ihr Notizbuch.

Zugehörigkeit – Bitte beantworten Sie sich folgende Fragen:

- Zur Einstimmung: Zu welchen Gruppen zähle ich mich? Welchen Menschen fühle ich mich zugehörig? Welche Gruppe ist mir am wichtigsten?

- Welche Rolle spielt das Gefühl von Zugehörigkeit zu anderen Menschen im aktuellen Konflikt? Was sind die relevanten Gruppen im Konflikt? Wie kann dies helfen oder vielleicht auch die Situation erschweren? Überlegen Sie einen Moment.

Schreiben Sie Ihre Erkenntnisse in Ihr Notizbuch.

Indem Sie systematisch den Konflikt aus den verschiedenen Ebenen heraus betrachtet haben, haben Sie auch gleichzeitig Ihren Blickwinkel auf den Konflikt erweitert. Schauen Sie sich den Konflikt nun noch einmal, vor dem Hintergrund der einzelnen Ebenen, an und verfassen für sich selbst eine kurze Zusammenfassung mit dem Titel: *Eigene Anteile am Konflikt – erster Überblick.* Damit haben Sie bereits einen ersten wichtigen Grundstein zur Konfliktlösung gelegt. Versuchen Sie auch, im weiteren Nachdenken und Verhalten im Konflikt diese erweiterte Perspektive beizubehalten bzw. noch zu erweitern.

Eigene Anteile am Konflikt

Arbeit mit dem Notizbuch

_____

_____

_____

3.5 Aktion: Teilekonferenz – Welche Ziele verfolge ich wirklich?

In vielen Konflikten kommt neben der Diskussion mit unserem Gegenüber noch die Diskussion mit uns selbst hinzu. Diese innere Diskussion nennen wir Teilekonferenz, da hier verschiedene Teile unserer Persönlichkeit miteinander in Kommunikation sind, um die für uns beste Handlungsweise zu bestimmen: Wie fest stehe ich wirklich zu meiner Meinung? Ich kann den anderen ja verstehen, aber aus taktischen Gesichtspunkten kann ich das nicht zugeben. Was sind die Konsequenzen, wenn ich mich durchsetze? Diese und weitere Fragen stellen wir uns innerlich bewusst oder unbewusst. Wenn wir dann eine klare Linie für uns finden, können wir auch klar auftreten. Wenn wir allerdings keine klare Linie für uns gefunden haben, wird es auch schwer werden, unsere Position überzeugend zu vertreten. Unser Gegenüber sieht, hört und spürt, dass wir nicht zu 100 Prozent von unserem eigenen Standpunkt überzeugt sind und wird daher umso heftiger mit uns streiten. Nicht dass Sie mich falsch verstehen: Es ist durchaus in Ordnung und kann sogar förderlich sein, Zweifel an der eigenen Position zu haben. Doch sollten Sie sich vor allem darüber bewusst sein, ob Sie mit allen persönlichen Anteilen hinter Ihrer Position stehen oder noch auf der Suche nach einer eindeutigen Position sind.

Die Interessen hinter einer Position können vielseitig sein

An dieser Stelle möchte ich Sie mit dem Unterschied zwischen einer Position und dem Interesse hinter einer Position vertraut machen. Diese Unterscheidung kommt aus dem sogenannten Harvard-Konzept (Fisher et al., 1984), welches das weltweit erfolgreichste Modell für Verhandlungen ist. Wenn man von Positionen spricht, so meint man in der Regel das, was man als Wunsch oder Forderung äußert. So kann zum Beispiel ein Angestellter seinem Chef gegenüber den Wunsch nach einer Gehaltserhöhung äußern. Seine Position ist dann: „Ich möchte mehr Geld." Die Position des Chefs in unserem Beispiel ist: „Ich habe keinerlei Budget für Gehaltserhöhungen in diesem Jahr, daher kann ich Ihnen auch nichts geben." Nun stehen sich diese zwei Positionen gegenüber und sind nicht zu vereinbaren. Der eine möchte und der andere kann nicht. Ein scheinbar nicht zu lösender Konflikt. Eine Lösung wird erst möglich, wenn wir aus den Positionen Interessen machen. Das Interesse erschließt sich in der Regel erst, wenn wir fragen, warum denn jemand diese Position vertritt. „Na, weil ich mehr Geld möchte – ist doch klar." „Und warum möchtest du mehr Geld?" „Ich bin seit 15 Jahren im Unternehmen und verdiene weniger als der Kollege, der erst vor einem Jahr dazugekommen ist und die gleiche Arbeit macht. Ist meine Arbeit denn weniger wert?" Und damit kommen wir der Sache schon näher. Es geht natürlich ums Geld (Position), aber es gibt hier offensichtlich noch eine andere Ebene, die etwas tiefer liegt und die wir Interesse nennen. Auf dieser Ebene lassen sich in der Regel Lösungen viel einfacher finden als auf der Ebene der Positionen. Sehr oft haben wir es auf der Ebene der Interessen mit Themen wie Gerechtigkeit, Anerkennung oder Wertschätzung zu tun. Wenn wir in unserem Beispiel einmal davon ausgehen, dass es dem Angestellten neben dem Geld eben auch um deutlich sichtbare Wertschätzung geht, dann haben wir gleich viel mehr Möglichkeiten, dem Angestellten entgegenzukommen und seine Interessen zu befriedigen. Was fallen Ihnen für Möglichkeiten ein, einem Mitarbeiter Ihre Wertschätzung zu zeigen?

Genau, das könnten unter anderem sein Lob, Einmalzahlungen, Weiterbildungsangebote, Übergabe der Projektleitung, Jobenrichment, Jobrotation, Titel, mehr Verantwortung, konkrete Karriereplanung, Dienstwagen, Büro- und Technikausstattung usw. Diese Dinge kosten zwar Geld, werden aber eventuell aus anderen Töpfen bezahlt oder kosten auch weniger als eine Gehaltsanpassung. Was im Einzelfall Sinn macht, lässt sich nur im konkreten Einzelfall sagen (manchmal soll ja auch schon ein Bild „Mitarbeiter des Monats" im Eingangsbereich helfen) und soll daher hier nicht weiter diskutiert werden. Wichtig für das Thema Selbstcoaching in Konfliktsituationen ist, dass Sie für sich selbst zwischen Ihrer Position und den dahinter liegenden Interessen unterscheiden können.

Position und Interessen sind zu unterscheiden

Um Sie dabei zu unterstützen, sich mit Ihren Interessen im Rahmen eines konkreten Konfliktes und gegebenenfalls auch mit eigenen, aber widerstreitenden Interessen auseinanderzusetzen, möchte ich Ihnen folgende Übung zur Zielfindung in Konfliktsituationen anbieten. Dass Sie dabei Selbstgespräche führen, sollte Sie nicht weiter beunruhigen, da Selbstgespräche (solange sie konstruktiv ausgerichtet sind) heilsamer als so manches Medikament sein können. Und wenn wir in der

Im Selbstgespräch die eigenen Interessen definieren

folgenden Übung von Anteilen sprechen, dann sind damit die verschiedenen Aspekte Ihrer Persönlichkeit gemeint. Sie haben sicherlich einen kreativen Teil in sich und wahrscheinlich auch einen sicherheitsorientierten, einen risikofreudigen, einen neugierigen Anteil und so weiter und so fort. All diese Anteile bilden Ihre Persönlichkeit und wirken stets zusammen. Manchmal ist es dennoch hilfreich, sie einzeln anzusprechen, und genau dies werden Sie in folgender Übung tun.

Arbeit mit dem Notizbuch

Übung

Setzen Sie sich einen Moment ruhig auf einen Stuhl und kommen Sie mit geschlossenen Augen zur Ruhe. Atmen Sie ein paar Mal tief ein und vor allem aus, und spüren Sie, wie sich die Ruhe im Körper ausbreitet.

Nun treten Sie bitte in Kontakt zu Ihrem Unbewussten und Ihren inneren Persönlichkeitsanteilen, indem Sie sagen: „Liebes Unbewusstes! Ich möchte dich um Hilfe bitten, mir über meine Standpunkte zum Thema X Klarheit zu erlangen. Bitte hilf mir dazu mit all meinen Anteilen, die eine Meinung zu dem Thema X haben, in Kontakt zu treten."

Denken Sie nun an das Thema X, und achten Sie darauf, welche Stimmen sich zu Wort melden bzw. welche Bilder oder Gedanken Ihnen in den Sinn kommen.

Hören Sie sich die Stimmen an („Ich finde das gut, wir sollten es so machen.", „Ich habe Bedenken, weil …", „Ich bin mir unsicher.", „Was Neues! Super!") und ordnen Sie den Stimmen positiv beschreibende Namen Ihrer Persönlichkeitsanteile zu. Zum Beispiel: der Entschlossene, der Vorsichtige, der Abwägende, der Kreative usw.

Damit Sie keinen Anteil vergessen, schreiben Sie alle Namen der verschiedenen Anteile mit deren typischen Aussagen („Ich finde das gut, weil …") jeweils einzeln auf einen Zettel.

Sobald Sie alle Anteile gehört haben, fragen Sie noch einmal nach, ob es noch einen Anteil gibt, der etwas zum Thema X sagen möchte und sich noch nicht gemeldet hat. Sollten sich alle relevanten Teile gemeldet haben, bedanken Sie sich beim Unbewussten für die Hilfe und bei den Anteilen dafür, dass sie sich gemeldet haben.

Legen Sie nun alle Zettel mit den Namen Ihrer Anteile in einem Halbkreis um sich herum auf den Boden aus. So, dass Sie alle sehen können.

Wenden Sie sich nun jedem Anteil einzeln zu und treten in Dialog mit ihm:
- Was ist deine positive Absicht?
- Was möchtest du erreichen?
- Was möchtest du verhindern?
- Was könnte Gutes passieren, wenn ich nur auf dich höre?
- Was könnte Negatives passieren, wenn ich nur auf dich höre?

Schreiben Sie nach dem Dialog mit einem Anteil die wichtigsten Erkenntnisse aus dem Gespräch auf, bedanken sich für das Gespräch und gehen zum nächsten Anteil.

Wenn Sie alle Anteile durchgegangen sind, bedanken Sie sich noch einmal bei allen Anteilen und versichern ihnen, dass ihre Botschaften bei Ihnen angekommen sind, Sie diese Botschaften ernst nehmen und bei einer Standpunktfindung berücksichtigt werden.

Nun setzen Sie sich an einen Tisch – oder vielleicht sollten Sie eine Pause machen und frische Luft schnappen! – und schauen sich noch einmal alle positiven Absichten Ihrer verschiedenen Anteile an. Was bedeutet das in Bezug auf Ihre Position zum Thema X? Besonders stark würde Ihre Position dann, wenn diese die positiven Absichten und die damit verbundenen Interessen (nicht die einzelnen Positionen) aller Anteile umfassen würde. Dann würden nämlich auch alle Anteile an der Arbeit mit dem neu formulierten Standpunkt zum Thema X beteiligt sein können.

Formulieren Sie jetzt also Ihren Standpunkt zum Thema X, sodass Sie als ganze Person und Persönlichkeit dazu stehen können und wollen. Versuchen Sie, einen möglichst prägnanten Satz mit positiven Formulierungen in Ihr Notizbuch zu schreiben: „Ich möchte …"

Überprüfen Sie Ihren Standpunkt noch einmal durch den folgenden Öko-Check, der die Konsequenzen von Veränderungen in Bezug auf uns und unsere soziale Umwelt überprüft:
Was wäre das Gute daran, wenn Sie sich durchsetzen würden?
Was wäre das Negative daran, wenn Sie sich durchsetzen würden?
Was wäre das Gute daran, wenn Sie sich nicht durchsetzen würden?
Was wäre das Negative daran, wenn Sie sich nicht durchsetzen würden?

Hat sich durch den Öko-Check noch etwas verändert? Falls ja, integrieren Sie dies in Ihren Standpunkt und schreiben Sie ihn auf. Falls nein, haben Sie nun einen Standpunkt gefunden, hinter dem Sie voll und ganz stehen.

Halten Sie Ihre Erkenntnisse über Ihre Interessen im vorliegenden Konfliktfall fest.

....

_____

_____

_____

Diese Übung hat den Zweck, sich selbst über die eigenen An- **Wichtig ist es,**
teile und Positionen zu einem Thema Klarheit zu verschaffen. **ein klares Ziel**
Ihr Ziel sollte jetzt für Sie als Person so stimmig wie möglich **zu haben**
sein. Ziele können sich im Laufe der Auseinandersetzung mit
einem Thema verändern, dennoch ist es wichtig, dass Sie mit
einem klaren und kongruenten Ziel starten.

3.6 Aktion: Meine ersten Schritte zum Erfolg

Wir kommen zum Abschluss des Teils „Persönliche Ebene". Mit
diesem Teil des Buches legen Sie den Grundstein für eine
erfolgreiche Konfliktlösung. Damit die Erkenntnisse, die Sie
in und durch die Übungen gewonnen haben, nicht in alten
Gewohnheiten verlorengehen, möchte ich Sie bitten, im abschließenden Abschnitt Ihre persönlichen Schritte zum Erfolg
noch einmal bewusst zusammenzufassen. Dabei sollten Sie
sowohl auf Ihre bewährten Erfolgsmuster zurückgreifen, wie
auch bewusst neue Wege beschreiten. Fangen wir mit den alten
Erfolgsmustern an, indem Sie Ihre Erkenntnisse aus den folgenden Überlegungen in Ihr Notizbuch schreiben.

Stellen Sie sich dazu eine Situation vor, die Sie gut gelöst haben **Lernen aus den**
und die emotional der aktuellen Konfliktsituation ähnlich **vergangenen**
war. Wie genau haben Sie sich gefühlt? Wo waren Sie zu dem **Erfahrungen**
Zeitpunkt, als Sie diese Emotionen besonders deutlich gefühlt

haben? Waren andere Personen anwesend? Was wurde gesagt? Was haben Sie gehört? Stellen Sie sich die Situation so plastisch wie möglich vor.

Wenn Ihnen die Situation wieder präsent ist, dann schreiben Sie bitte auf, was Sie in der Situation gedacht haben, das Ihnen geholfen hat, die Situation zu lösen. Wie waren die einzelnen Schritte (Überlegungen, Handlungen), die zu einer Lösung geführt haben? Schreiben Sie bitte alles auf, was Ihnen dazu einfällt.

Was hat Ihnen dabei geholfen, die Situation zu lösen? Erinnern Sie sich bitte auch daran, welche Ihrer inneren Werte und Überzeugungen hilfreich waren, um die Situation zu lösen. Finden Sie bitte zwei weitere Situationen, die Sie in gleicher Weise betrachten und analysieren können. Schreiben Sie Ihre Erkenntnisse in Ihr Notizbuch nach folgendem Schema:

- Situation
- Emotionen
- Beteiligte Personen und deren Aussagen
- Eigene Überlegungen und Aktionen, die damals zum Erfolg geführt haben
- Fähigkeiten, die mir halfen, den Konflikt erfolgreich zu lösen
- Werte und Überzeugungen, die hilfreich waren, die Situation zu lösen

Was sind Ihre Erfolgsmuster? Nun schauen Sie sich die Notizen zur Lösung der vergangenen Situation einmal in Ruhe an. Erkennen Sie die Muster, die sich in den drei erfolgreich gelösten Situationen abbilden? Welche Übereinstimmungen gab es in Bezug auf Ihr Verhalten, Ihre Fähigkeiten und Ihre Überzeugungen? Welche Unterschiede gab es? Schreiben Sie nun noch einmal folgende Teile des oben genutzten Schemas in Ihr Notizbuch:

- Eigene Überlegungen und Aktionen
- Fähigkeiten
- Werte und Überzeugungen

Tragen Sie anschließend hinter jedem Stichwort ein, was Sie Sinnvolles in Bezug auf den vorliegenden Konflikt unternehmen können. Welche Ihrer erprobten Erfolgsmuster sind für den aktuellen Konflikt wahrscheinlich ebenfalls hilfreich? Schreiben Sie alles auf.

Bekannte Erfolgsmuster: Ihre Strategie

....

Arbeit mit dem Notizbuch

_____

_____

_____

....

Durch die Bearbeitung der Übungen in diesem Kapitel haben Sie sich dem Konflikt und Ihren Zielen von vielen verschiedenen Perspektiven aus angenommen. Damit sind viele Aspekte des Selbstcoachings bereits genutzt worden, wie die Reflexion, die Betrachtung der eigenen Person inklusive ihrer Möglichkeiten und Emotionen und hoffentlich eine Erweiterung der eigenen Sichtweise. Dies wird natürlich noch in Bezug auf die sachliche und soziale Ebene ausgedehnt werden müssen, da es in dem Konflikt ja nicht nur um Sie alleine geht. Doch bevor wir uns der sachlichen Ebene des Konfliktes widmen, möchte ich Sie bitten, sich Ihre Notizen aus den letzten Übungen anzusehen und kurz Ihr Fazit zu den folgenden Themen aufzuschreiben:

1. *Emotionen:* Wie kann ich meine eigenen Emotionen als Signalgeber und als Energielieferant für die aktuelle Konfliktsituation am besten nutzen?

2. *Der kraftvolle Start:* Wie kann ich in der aktuellen Konfliktbearbeitung meine Fähigkeit nutzen, mich bewusst in einen positiven emotionalen Zustand zu versetzen?

3. *Eigene Anteile:* Welche Erkenntnisse aus der Analyse der eigenen Anteile im Konflikt sind für dessen Bearbeitung von besonderer Bedeutung?

4. *Teilekonferenz:* Welches Ziel in der Konfliktbearbeitung ist für mich und alle meine Persönlichkeitsanteile im Moment am stimmigsten?

Was sind Ihre neuen Erfolgsmuster? Schauen Sie sich die Antworten auf diese Fragen in Ihrem Notizbuch an und nehmen Sie Ihre bekannten Erfolgsmuster zur Hand. Halten Sie für sich selbst fest, welche neuen Erfolgsmuster sich aus den neuen Erkenntnissen ergeben und wie die alten Erfolgsmuster vielleicht noch ergänzt werden könnten. Schließen Sie dieses Kapitel mit einem persönlichen, schriftlichen Fazit ab.

Neue Wege: Ihre Strategie

Arbeit mit dem Notizbuch

_____

_____

_____

4 Die soziale Ebene – Das Umfeld

Ziel

Die soziale Dimension des Konfliktes erkennen und die Einbindung des Gegenübers in seinem sozialen Netzwerk verstehen.

Nutzen

Sie erweitern Ihr Blickfeld auf den Konflikt und erlangen somit neue Ansatzpunkte zu dessen Lösung.

Kernpunkte

▶ Die Handlungen Ihres Konfliktpartners sind nicht nur durch seine Persönlichkeit und seine Absichten bestimmt, sondern auch durch den sozialen Kontext.

▶ Je besser Sie das Umfeld Ihres Gegenübers verstehen, desto einfacher können Sie langfristige stabile Lösungsansätze entwickeln.

▶ Die Beziehungsebene geht in Konflikten vor Klärung der Sachebene.

4.1 Welche Bedeutung hat das soziale Umfeld für die Konfliktlösung?

Zu Beginn dieses Abschnitts möchte ich Sie zu einem kleinen Gedankenexperiment einladen: Bitte stellen Sie sich folgende Szene vor.

Beispiel: Unfall *Ein Autofahrer hatte früh morgens einen Unfall mit einem Motorradfahrer. Der Motorradfahrer wurde bei dem Unfall so schwer verletzt, dass er bewusstlos auf der Straße liegen blieb. Der Autofahrer blieb unverletzt. Es war eindeutig, auch für ihn selber, dass die Schuld bei ihm lag. Der Autofahrer rief einen Krankenwagen und begleitete den bewusstlosen Motorradfahrer mit ins Krankenhaus. Sobald dieser dort eingeliefert war, fuhr der Autofahrer fort, ohne mit einem Arzt gesprochen zu haben und ohne dass er wusste, ob der Motorradfahrer überleben würde.*

(GESCHICHTE NACH EINEM PSYCHOLOGISCHEN EXPERIMENT)

Was denken Sie über den Autofahrer und über das Verlassen des Krankenhauses? Bitte schreiben Sie Ihre spontanen Gedanken zum Autofahrer auf.

Arbeit mit dem Notizbuch

_____

_____

_____

Nun schauen Sie sich bitte Ihre Notizen an: Wenn Sie dort eher Aussagen über die Person und den Charakter des Autofahrers lesen (zum Beispiel Schuldgefühle, mangelnde emotionale Beteiligung) anstatt über seine Rolle in der Gesellschaft (zum Beispiel seine Verpflichtungen als Arbeitnehmer), dann sind Sie in guter Gesellschaft. In der westlichen Hemisphäre suchen wir nach Erklärungen für Verhalten zu einem großen Teil begründet in der Person respektive der Persönlichkeit eines Menschen. Dieses Phänomen nennt sich „fundamentaler Attributionsfehler". Es besagt, dass wir bei der Bewertung von Ereignissen den kausalen Einfluss der einzelnen Person und seiner Persönlichkeit überschätzen und den Einfluss der Situation oder der Rolle und Funktion einer Person eher unterschätzen. Wenn sich jemand so verhält, wie er sich verhält, dann sehen wir dies eben meistens als Ausdruck seiner Persönlichkeit an, anstatt nach möglichen Wirkelementen in der Umwelt zu suchen.

Der fundamentale Attributionsfehler in individualistischen Gesellschaften

Wenn Sie nun aber in Ihren Notizen eher Aussagen über die Verpflichtung des Autofahrers lesen, pünktlich zur Arbeit zu kommen oder weil er anderen Pflichten nachkommen muss, dann sind Sie ebenfalls in bester Gesellschaft – allerdings eher in japanischer Gesellschaft, da in eher kollektivistischen Gesellschaften wie Japan der fundamentale Attributionsfehler andersherum funktioniert. In diesen Gesellschaften wird die Ursache eher in dem sozialen Kontext und der Position in einem Beziehungsgeflecht gesucht anstatt in der Persönlichkeit eines Menschen. Beides ist natürlich gleich wichtig zu beachten. Da wir uns in der Regel aber eher spontan auf die Persönlichkeit unseres Gegenübers als Ursache für sein Verhalten fokussieren, sollten wir uns hier einmal bewusst auch mit der anderen Seite, dem sozialen Kontext und der sozialen Identität unseres Gegenübers beschäftigen. Denn gerade diese Seite wird im Konfliktfall gerne unterschätzt.

Der fundamentale Attributionsfehler in kollektivistischen Gesellschaften

Was hat es nun mit der sozialen Identität auf sich und wieso ist diese für unser Thema wichtig? Dazu ist es hilfreich, kurz die Grundzüge der Social Identity Theory (SIT = Theorie der sozialen Identität) von Tajfel und Turner zu streifen. Nach der SIT streben wir alle eine positive Identität an, das heißt, wir streben nach einem positiven Selbstbild. Und in der Regel ist es auch in Konflikten so, dass jeder von sich denkt: „Ich bin der Gute. Der mit den ehrbaren oder vernünftigen Absichten." Interessanterweise denkt dies jeder der Beteiligten im Konflikt. Ich habe es in meiner Arbeit als Mediator auf jeden Fall noch nicht erlebt, dass einer der Konfliktparteien gesagt hat: „Stimmt, ich wollte dich einfach über den Tisch ziehen! Ich bin der Böse." Also kurz gesagt, jeder von uns möchte ein positives Bild von sich haben und ein Teil dieses positiven Selbstbildes ist die Mitgliedschaft in verschiedenen sozialen und gesellschaftlichen Gruppen. Dabei kann je nach Kontext eine andere Gruppenzugehörigkeit wichtig erscheinen. Mal bin ich mir meiner Gruppenmitgliedschaft als Christ oder Hindu bewusst, ein anderes Mal bin ich vor allem Führungskraft oder Arbeiter oder auch mal Anhänger des FC Schalke 04 oder des VFL Bochum. Damit diese Mitgliedschaft einen positiven Beitrag zu unserem Selbstbild leisten kann, müssen wir diese Gruppen selbst natürlich ebenfalls positiv bewerten. Dies geschieht in der Regel durch den Vergleich mit anderen relevanten Gruppen, wobei meine Gruppe (die sogenannte Ingroup) im Vergleich besser abschneiden sollte als die Vergleichsgruppe (die sogenannte Outgroup). Dabei spielt eine objektive Beschreibung und Bewertung dieser Gruppen (falls es so etwas geben sollte) keine bedeutende Rolle, da es vielmehr um den Erhalt meines positiven Bildes der Gruppe und damit auch meiner Person geht. Das unbewusste und automatische Denken in In- und Outgroup hat vielerlei gesellschaftliche Konsequenzen, die hier nicht im Einzelnen diskutiert werden sollen. Für uns ist im Moment nur wichtig, dass die Gruppen, zu denen wir uns zugehörig fühlen, wichtig für unser positives Selbstbild und unseren empfundenen Selbstwert sind. Damit wir unseren Konfliktpartner und sein Verhalten verstehen können, ist es daher sinnvoll, sich seine „Gruppenmitgliedschaften" genauer anzusehen. Und weil es auf der sozialen Ebene auch immer um sozialen Einfluss geht, schauen wir uns gleichzeitig an, welche Personen innerhalb dieser Gruppen von besonderer Relevanz für unseren Konfliktpartner sind. Damit gewinnen wir nicht nur ein besseres Verständnis für unser Gegenüber und seinen sozialen Kontext, sondern wir identifizieren gleichzeitig mannigfaltige Ansatzpunkte für eine mögliche positive Beeinflussung. Schließlich können Mitglieder dieser Gruppe ja auch als Vermittler oder Katalysatoren im Konflikt wirken.

Übung: Strukturbaum der zentralen Personen
In der folgenden Übung geht es um die Darstellung der Gruppenmitgliedschaften unseres Konfliktpartners. Dazu schreiben Sie zunächst unsortiert alle wichtigen Personen aus dem Umfeld des Konfliktpartners auf. Überlegen Sie sich, für welche Gruppen diese Personen stehen könnten, damit Sie diese gleich besser in einer Grafik als zusammengehörig darstellen können. Sollten Sie im ersten Durchgang die ein oder andere relevante Person übersehen haben, so können Sie diese einfach in den entstehenden Strukturbaum eintragen.

Um uns ein Bild von den relevanten Gruppen unseres Konfliktpartners und von besonders wichtigen Personen in seinem Umfeld zu machen, zeichnen Sie bitte einen Strukturbaum ähnlich der Abbildung 4.

Arbeit mit dem Notizbuch

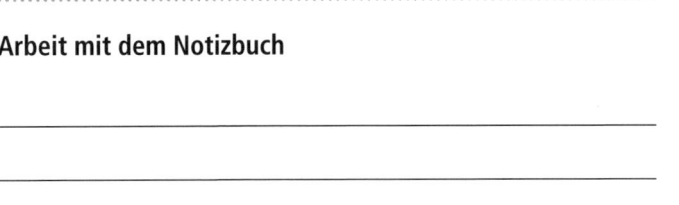

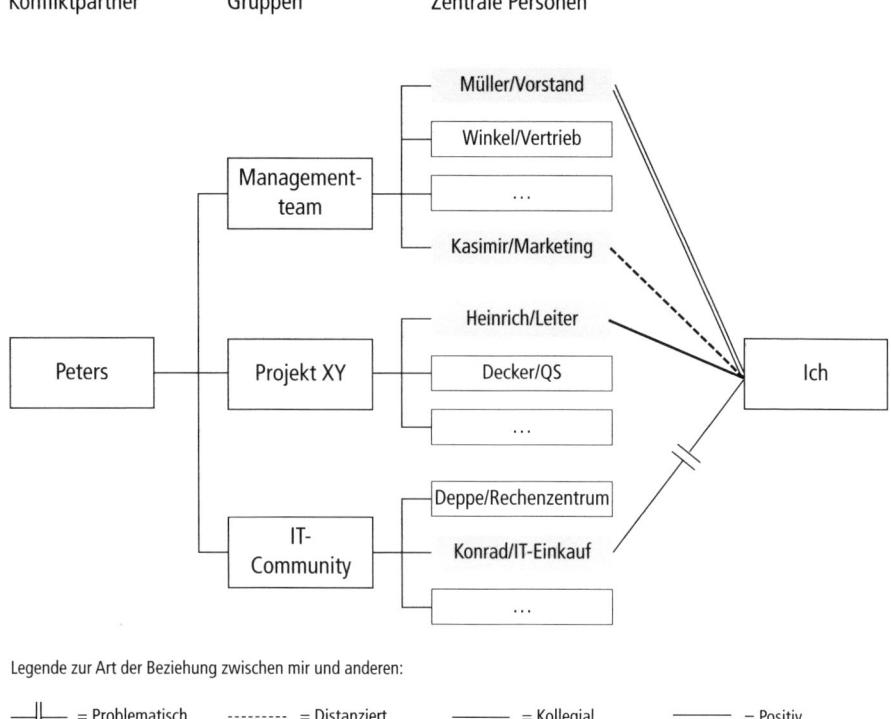

Konfliktpartner   Gruppen   Zentrale Personen

Müller/Vorstand

Winkel/Vertrieb

Management-team

...

Kasimir/Marketing

Heinrich/Leiter

Peters — Projekt XY — Decker/QS — Ich

...

Deppe/Rechenzentrum

IT-Community — Konrad/IT-Einkauf

...

Legende zur Art der Beziehung zwischen mir und anderen:

—‖— = Problematisch   -------- = Distanziert   ——— = Kollegial   ═══ = Positiv

Abb. 4: Teil des Beziehungsgeflechts in Konflikten

Fangen Sie damit an, den Namen des Konfliktpartners in ein Kästchen auf der linken Seite eines Blattes zu schreiben. Als Nächstes schreiben Sie alle für das vorliegende Konfliktthema relevanten Gruppen auf, in denen Ihr Konfliktpartner „Mitglied" ist. Als dritten Schritt notieren Sie zu den einzelnen Gruppen besonders relevante Mitglieder samt ihrer Funktion auf das Blatt. Markieren Sie, welche Beziehung Sie zu den verschiedenen Gruppen oder Personen haben.

Die beispielhaften Gruppenbezeichnungen in der Abbildung 4 stammen offensichtlich aus dem beruflichen Kontext, können aber natürlich in jeden anderen Kontext übertragen werden. So könnte auf der Ebene der relevanten Gruppen zum Beispiel Doppelkopfrunde, Nachbarn im Schrebergarten, Kegelklub oder Ähnliches stehen. Das

Vorgehen bleibt das Gleiche: Identifizierung der für unseren Konflikt-partner wichtigen Gruppen und deren bedeutsamen Mitglieder.

Bevor wir uns nun überlegen, wie wir unsere Beziehung zu den zen-tralen Personen im Sinne einer Konfliktlösung nutzen können, sollten wir unser Bild vom sozialen Kontext noch vervollständigen. Dazu gehört natürlich nicht nur die soziale Identität unseres Gegenübers, sondern es gehören auch alle weiteren Personen hinzu, deren Inter-essen im Rahmen des Konflikts berührt werden. Auch mit dieser Über-legung gewinnen wir zweifach: einmal eine bessere Übersicht über die relevanten Aspekte des Konfliktes und zum zweiten weitere An-satzpunkte zur positiven Beeinflussung von Personen mit dem Ziel, den Konflikt zu lösen. Dazu schreiben Sie in Ihr Notizbuch zunächst alle Personen auf (inklusive der schon aufgezählten zentralen Perso-nen), deren Interessen im Rahmen des Konfliktes berührt werden. Wenn die Liste fertig ist, notieren Sie in Ihr Notizbuch bitte pro Namen Ihre Überlegungen zu folgenden Punkten:

Arbeit mit dem Notizbuch

_____

_____

_____

Wie ist die Position von X?
Hierarchische Position? Formale Beziehung zu meinem Konfliktpart-ner? Formale Beziehung zu mir? Formale Beziehung zu anderen zen-tralen Personen?

Was will ich von X?
Welche Kernbotschaft soll X von mir hören? Was möchte ich, dass X unternimmt?

Wie wichtig ist X für mein Anliegen?
Welche Aufmerksamkeit muss ich X schenken? Wie viel Energie lohnt sich für die Überzeugung von X aufzuwenden?

Was will X von mir?
Inwiefern bin ich für X wichtig? Wie kann ich X nützlich sein?

Wie kann ich X am besten ansprechen?
Bei welcher Gelegenheit und über welches Medium kann ich X am besten ansprechen? Wer sollte dabei noch anwesend sein? Was muss im Vorfeld getan werden, bevor ich X anspreche?

....

Ihr Gegenüber in Konflikten

Mit der Beantwortung dieser Fragen haben Sie anschließend einen guten Überblick zum sozialen Kontext des Konfliktes, und Sie haben gleichzeitig verschiedene Personen identifiziert, die Sie jetzt oder zu einem späteren Zeitpunkt in die Gedanken zur Konfliktlösung mit einbeziehen können.

Soziale Einflussgrößen innerhalb der Konfliktlösung berücksichtigen

Und um dies an dieser Stelle in aller Deutlichkeit zu sagen: Worum es hier nicht geht, ist ein heimliches Netz zu bilden, welches sich gegen Ihren Konfliktpartner richten soll. Solche Art der Konfliktlösung geht in der Regel nach hinten los – auf jeden Fall auf längere Zeit gesehen. Hier geht es darum, alle Personen zu erkennen, die für eine nachhaltige und langfristige Lösung auf der Sachebene wichtig sind. Es macht nämlich keinen Sinn, eine Lösung anzustreben, die aufgrund des sozialen Kontextes nicht von Dauer sein kann. Daher ist es wichtig, sich intensiv mit den sozialen Einflussgrößen innerhalb einer Konfliktlösung zu beschäftigen. Daher möchte ich hier den bereits erwähnten Öko-Check um die soziale Dimension erweitern:

- Welche positiven Reaktionen sind aus der relevanten sozialen Umwelt zu erwarten, wenn die angedachte Konfliktlösung umgesetzt würde?
- Welche positiven Reaktionen sind aus der relevanten sozialen Umwelt zu erwarten, wenn die angedachte Konfliktlösung nicht umgesetzt würde?
- Welche negativen Reaktionen sind aus der relevanten sozialen Umwelt zu erwarten, wenn die angedachte Konfliktlösung umgesetzt würde?
- Welche negativen Reaktionen sind aus der relevanten sozialen Umwelt zu erwarten, wenn die angedachte Konfliktlösung nicht umgesetzt würde?

Beantworten können Sie diese Fragen natürlich erst, nachdem Sie mit Ihrem Konfliktpartner eine Konfliktlösung entwickelt haben. Dann sollten diese Fragen auch nicht mehr alleine oder im Dialog mit Ihrem Notizblock beantwortet werden, sondern durchaus im Dialog mit Ihrem Konfliktpartner, damit die Konfliktlösung zu einer gemeinsamen Lösung werden kann.

Eine gute Konfliktlösung ist eine gemeinsame Lösung

Conclusio

Ziel dieses Abschnittes war es, Sie für den sozialen Kontext des Konfliktes zu sensibilisieren. Sowohl Ihr Konfliktpartner wie auch der sachliche Konflikt und Sie selbst agieren in einem sozialen Kontext, den es bei der Konfliktlösung zu beachten gilt. Dabei ist das Erkennen der sozialen Beziehungen auch gleichzeitig ein Identifizieren von wichtigen Ansatzpunkten in der Konfliktlösung, indem man zum Beispiel versucht, bei Schlüsselpersonen für eine bestimmte Lösung zu werben.

Im nächsten Abschnitt gehen wir konkreter auf die Person und die Interessen Ihres Konfliktpartners ein. Auch dies wird Ihnen helfen, Lösungen zu finden, die für Sie und Ihr Gegenüber gleichermaßen vernünftig und damit auch langfristig stabil sind.

4.2 Aktion: Die andere Seite verstehen

Wie wir ja schon wissen, lebt jeder in seiner eigenen Welt (oder mit seiner eigenen Landkarte von der Welt) und ist in dieser Welt natürlich der Gute. Es ist also durchaus hilfreich zu verstehen, wie denn der Konflikt in der Welt meines Gegenübers aussieht. Wie sieht er zum Beispiel mich und meine Absichten, wie sieht er den sozialen Kontext? Daher ist das Ziel der nächsten Übung, die Situation, die Welt mit seinen Augen zu betrachten. Natürlich ist dies nur begrenzt möglich, da wir nie die Welt zu 100 Prozent so sehen oder verstehen können, wie dies eine andere Person tut. Dennoch können wir neue Perspektiven und eventuell sogar neue Einsichten erlangen, wenn wir versuchen, uns in die Situation einer anderen Person hineinzuversetzen und uns so eine Situation mit veränderten Rahmenbedingungen ansehen. Genau dabei soll die folgende Übung helfen. Wir werden uns hier zwar auf die Du-Position konzentrieren, brauchen aber auch alle anderen Positionen. Außerdem sollten Sie versuchen, so bewusst wie möglich in die Du-Position zu gehen und diese so wenig wie möglich mit der eigenen Ich-Position zu vermischen.

....

 **Übung**

Denken Sie kurz an die aktuelle Konfliktsituation mit Ihrem Gegenüber und gehen Sie in Ihre Ich-Position. Sprechen Sie kurz alle wichtigen Dinge zum Konflikt an. Markieren Sie Ihre Ich-Position mit einem Blatt Papier oder einem Stuhl – je nachdem, ob Sie lieber im Stehen oder im Sitzen arbeiten möchten.

Nun verlassen Sie Ihre Ich-Position und gehen in die Meta-Position, dem neutralen Beobachtungsposten. Betrachten Sie aus der Meta-Position, die ebenfalls markiert sein sollte, sich selbst in der Ich-Position. Erinnern Sie sich: In der Meta-Position sind Sie der neutrale Beobachter, der die Dinge objektiv von außen beschreibt.

- Was fällt Ihnen aus der Meta-Position zu Ihrer Ich-Position auf?
- Was wissen wohl andere über Ihre Ich-Position im Hinblick auf die aktuelle Konfliktsituation?
- Was weiß wohl Ihr Konfliktpartner über Ihre Ich-Position im Hinblick auf die gemeinsame Konfliktsituation?
- Was könnte Ihr Konfliktpartner über Ihre Ich-Position wissen, was selbst Sie nicht wissen?

Verlassen Sie nun die Meta-Position und gehen in die ebenfalls zu markierende Du-Position. Versetzen Sie sich in Ihren Konfliktpartner hinein. Sie sind „Du". Sie sehen die Welt aus den Augen des „Du".

- Wie erleben Sie die aktuelle Konfliktsituation?
- Was denken Sie über Ihr Gegenüber?
- Was ist Ihnen wichtig und wieso ist es Ihnen wichtig?
- Gibt es weitere Personen, die wichtig für die aktuelle Konfliktsituation sind? Inwiefern sind diese Personen wichtig?

Nun verlassen Sie die Du-Position und gehen in die Meta-Position. Betrachten Sie aus der Meta-Position die Du-Position und schreiben Sie bitte Ihre Erkenntnisse auf.

- Was fällt Ihnen zur Du-Position auf?
- Welche Rahmenbedingungen haben aus der Du-Position Einfluss auf die Konfliktsituation?
- Welche Verhaltensweisen sind für die Situation besonders bedeutsam?
- Welche Werte, Normen und Regeln sind aus der Du-Position besonders wichtig in Bezug auf die aktuelle Konfliktsituation?
- Was sind die wichtigsten positiven Persönlichkeitsmerkmale Ihres Gegenübers?
- In welchen sozialen Beziehungen steht Ihr Konfliktpartner und was haben diese mit der Konfliktsituation zu tun?

Gehen Sie auf die Meta-Position und ziehen Sie ein vorläufiges Fazit zu den Erkenntnissen, die Sie über die Position Ihres Gegenübers erhalten haben.

Verlassen Sie nun wieder die Meta-Position und gehen in die Position einer mit „Du" gut bekannten oder befreundeten Person (= „X"). Assoziieren Sie in die Position von „X" hinein. Sie sind „X" und betrachten die Welt und die aktuelle Situation aus den Augen von „X".

- Wie erleben Sie die aktuelle Konfliktsituation?
- Was denken Sie über „Du" und seine Motive in dieser Situation?
- Welche Bedürfnisse sehen Sie bei „Du" gefährdet oder bedroht?
- Was denken Sie über die Verhaltensweisen, die „Du" im aktuellen Konflikt gezeigt hat?

Gehen Sie über die Meta-Position wieder in Ihre Ich-Position. Vergegenwärtigen Sie sich noch einmal die Erkenntnisse, die Sie über sich, die Situation und Ihr Gegenüber gewonnen haben. Wie hat sich Ihre Sichtweise auf Ihr Gegenüber verändert? Was sind mit Ihrem aktuellen Wissensstand wahrscheinlich die wesentlichen Bedürfnisse, die sich in der aktuellen Konfliktsituation gegenüberstehen?

Gehen Sie noch einmal in die Meta-Position und betrachten Sie abschließend die Beziehung zwischen Ihnen und Ihrem Gegenüber, bevor Sie die Übung beenden.

Nehmen Sie nun wieder Ihr Notizbuch zur Hand, und schreiben Sie bitte auf, was für Sie wichtig ist. Welche Gedanken gehen Ihnen in Bezug auf den Konflikt durch den Kopf und welche Erkenntnisse haben Sie gewonnen? Fokussieren Sie sich vor allem auch auf die Dinge, die Sie in Bezug auf Ihren Konfliktpartner gelernt haben. Was sind die eigentlichen Bedürfnisse Ihres Konfliktpartners hinter seinem Verhalten?

Arbeit mit dem Notizbuch

_____

_____

_____

Diese Bedürfnisse des anderen zu erkennen, setzt unter anderem voraus, dass wir uns bemühen, die gegebene Situation mit den Augen des anderen zu betrachten. Die eben beschriebene Übung soll uns dafür sensibilisieren, dass auch der andere sich aus positiven und rationalen Beweggründen heraus so verhält, wie er sich verhält. Allerdings sind diesem Bemühen natürlich klare Grenzen gesetzt, da wir die Welt nie vollständig aus den Augen einer anderen Person sehen können. Um wirklich zu erfahren, wie jemand anderes die Situation sieht, müssen wir ihn schon fragen. Doch bevor wir zu dem Teil der Bedürfniskommunikation kommen, möchte ich Ihnen noch eine Vertiefungsübung zum Perspektivenwechsel anbieten, die sich lohnt.

Vertiefungsübung: Die andere Seite verstehen

Die folgende Vertiefungsübung verfolgt den gleichen Zweck wie die vorhergehende Übung. Sie ist nur etwas gründlicher und daher auch etwas zeitaufwendiger. Entscheiden Sie bitte selbst, was für die aktuelle Situation eine höhere Priorität hat: Vermeidung von Aufwand, um die Zeit anders zu nutzen, oder Gründlichkeit bei der Erkundung der Du-Position.

Teil dieser Übung sind die neurologischen Ebenen, die wir bereits im vorherigen Kapitel zur Reflexion der eigenen Anteile am Konflikt genutzt haben.

Wie bei der Übung zuvor starten Sie wieder damit, dass Sie kurz an die aktuelle Konfliktsituation mit Ihrem Gegenüber denken. Nehmen Sie sich und Ihr Gegenüber in der konkreten *Umwelt* wahr, in der der Konflikt stattfindet und in der Sie und Ihr Konfliktpartner sich *verhalten*.

Erleben Sie noch einmal genau, was Sie bei sich und bei Ihrem Gegenüber sehen, hören und fühlen. Für sich selbst können Sie dies natürlich relativ genau machen, und für Ihr Gegenüber können Sie zwar sehen und hören, wie er sich verhält, doch seine Empfindungen können Sie nur erahnen.

Wechseln Sie nun in die Meta-Position. Stellen Sie sich vor, dass Sie die Konfliktsituation mit Ihnen und Ihrem Gegenüber auf einer Kinoleinwand betrachten. Sie sind der Zuschauer, der die zwei Personen in der eben beschriebenen Konfliktsituation beobachtet.

Beschreiben Sie beide Personen und ihre Interaktion:
Was fällt Ihnen auf der Stufe der *Fähigkeiten* auf? Welche Fähigkeiten stecken hinter den verschiedenen Verhaltensweisen? Welche Fähigkeiten haben beide Personen und welche Fähigkeiten scheinen nur bei einer der Personen vorhanden zu sein? Gibt es Fähigkeiten, die eine der Personen für die aktuelle Konfliktsituation zusätzlich brauchen könnte? Halten Sie Ihre Beobachtung aus der Meta-Position kurz schriftlich fest.

Betrachten Sie nun die *Glaubenssätze, Werte und Normen*, die für die eine und für die andere Person von Bedeutung zu sein scheinen. Was ist der einen Person offensichtlich besonders wichtig? Welcher Glaubenssatz könnte damit verbunden sein? Wovor könnte die Person Angst haben? Was möchte Sie auf jeden Fall vermeiden? Was scheinen die wesentlichen Normen und Regeln zu sein, an der sich die Person orientiert? Stellen Sie sich diese Fragen auch für die zweite Person, die Sie auf der Kinoleinwand beobachten. Halten Sie Ihre Beobachtung aus der Meta-Position kurz schriftlich fest.

Nun betrachten Sie bitte aus der Meta-Position die *Identität*, das heißt das Selbstbild der beiden Personen. Für was für Menschen halten sich die beiden Personen? Was macht aus ihrer Sicht ihren Wesenskern aus? Was sind im Selbstbild der beiden Personen ihre größten Stärken, aber auch ihre größten Schwächen? In welchem Zusammenhang stehen diese Stärken und Schwächen mit der aktuellen Konfliktsituation? Welche Rollenerwartungen könnten die beiden Personen an sich selbst in der konkreten Situation stellen? Welchen Einfluss könnten diese Rollenerwartungen auf ihr Verhalten haben? Halten Sie Ihre Beobachtung aus der Meta-Position kurz schriftlich fest.

Betrachten Sie aus der Meta-Position schließlich die *Zugehörigkeit* der Personen zu bestimmten Gruppen. Welche sozialen und / oder kulturellen Gruppen spielen für die jeweilige Person eine besondere Rolle? Welche Regeln und Normen dieser Gruppen sind besonders relevant für die aktuelle Situation? Wie ist der Status der jeweiligen Person in diesen Gruppen? Welche Gruppeninteressen sind für die aktuelle Situation besonders zu beachten? Notieren Sie Ihre Beobachtung aus der Meta-Position.

Verlassen Sie nun die Meta-Position (verlassen Sie das Kino) und gehen wieder in Ihre Ich-Position. Schauen Sie sich die schriftlich festgehaltenen Erkenntnisse über sich und Ihr Gegenüber an. Welche neuen Erkenntnisse haben Sie über sich und vor allem über Ihr Gegenüber erhalten? Wie hat sich Ihre Sichtweise auf Ihr Gegenüber verändert? Was sind, mit Ihrem aktuellen Wissensstand, wahrscheinlich die wesentlichen Bedürfnisse, die sich in der aktuellen Konfliktsituation gegenüberstehen?

Gehen Sie noch einmal in die Meta-Position und betrachten Sie abschließend die Beziehung zwischen Ihnen und Ihrem Gegenüber, bevor Sie die Übung beenden.

Diese Übung hat zum Ziel, dass wir unsere Konfliktpartner als Menschen mit all ihren Fähigkeiten, Werten und Merkmalen wahrnehmen sowie sie in ihren sozialen Beziehungen kennenlernen.

4.3 Wie wichtig ist die Beziehungs- bzw. die Sachebene im Konflikt?

Um die Bedeutung der Beziehungsebene in Konflikten zu verdeutlichen, möchte ich Sie zuerst zu einem kleinen Gedankenexperiment einladen:

Beispiel: Sympathischer Kollege Stellen Sie sich bitte vor, Sie hätten mit einem Kollegen ein Problem zu lösen. Nun ist dies ein Kollege, den Sie sehr schätzen. Er ist fachlich erfahren und überaus kompetent in Ihren Augen. Außerdem hat er eine sympathische Art und Sie mögen ihn. Wie gehen Sie auf diesen Kollegen zu, um das Problem aus der Welt zu schaffen? Wie wird der Weg der Problemlösung wohl aussehen?

Beispiel: Unausstehlicher Kollege Nun stellen Sie sich bitte vor, dass Sie das gleiche Problem mit einem Kollegen haben, den Sie nicht ausstehen können. Sie vertrauen ihm einfach nicht und er ist Ihnen von Grund auf unsympathisch. Er sieht auch schon irgendwie komisch aus … Wie werden Sie auf diese Person zugehen und wie wird diese Problemlösung aussehen?

Dass die Beziehungsebene in der Kommunikation eine große Bedeutung hat, hat schon Paul Watzlawick in seinen fünf Axiomen zur Kommunikation festgestellt. Hier sein zweites Axiom, das sich explizit mit dem Beziehungsaspekt beschäftigt:

„Jede Kommunikation hat einen Inhalts- und einen Beziehungsaspekt, derart, dass letzterer den ersten bestimmt und daher eine Metakommunikation ist."

Für unser Anliegen der Konfliktlösung folgt daraus, dass es keine nachhaltige Lösung auf der Sachebene geben wird, solange nicht die Beziehungsebene in Ordnung gebracht wurde. Deswegen muss man sich sicherlich nicht in den Armen liegen, doch sollte vor einer Lösungssuche auf der Sachebene ein Mindestmaß an Vertrauen und gegenseitigem Respekt wieder hergestellt worden sein.

Zur Verdeutlichung der Bedeutung der Beziehungsebene wird in Kommunikations- und Konfliktmanagementseminaren gerne die Eisberg-Metapher genutzt.

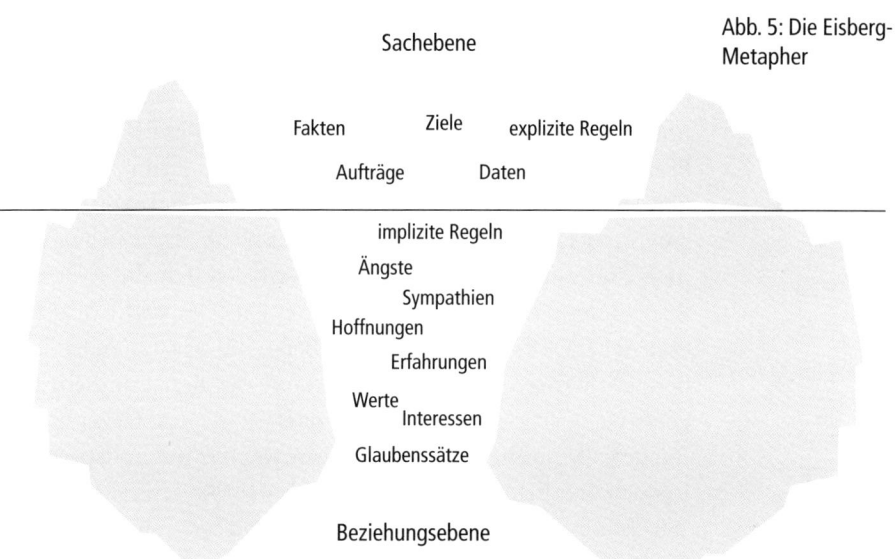

Sachebene

Abb. 5: Die Eisberg-Metapher

Fakten   Ziele   explizite Regeln
Aufträge   Daten

implizite Regeln
Ängste
Sympathien
Hoffnungen
Erfahrungen
Werte
Interessen
Glaubenssätze

Beziehungsebene

Der Eisberg verdeutlicht, dass es keinen Sinn macht, die Spitze des Eisberges, die nur zu einem Siebtel aus dem Wasser ragt, einfach abzuschneiden, solange der untere Teil des Eisberges unverändert bestehen bleibt. Durch den Auftrieb würden wir über Nacht eine neue Spitze haben. Lösen Sie also ein Sachproblem ohne Beachtung der gestörten Beziehungsebene,

Die Beziehungsebene ist wirkmächtiger als die Sachebene

werden Sie in der nächsten Woche einfach wieder das nächste Sachproblem haben. Und dies wird so lange weiter gehen, bis Sie die Beziehungsebene bearbeitet haben und sich auf dieser Ebene näher gekommen sind. Die Metapher des Eisberges verdeutlicht auch, dass, wenn zwei Eisberge, sprich zwei Personen, aufeinander zutreiben, sie zuerst unterhalb der Wasseroberfläche zusammenstoßen. Wir gehen also schon in Kontakt miteinander, noch bevor wir uns überhaupt auf der Sachebene begegnet sind. Und wenn Sie dies in Ihr Wissen um die unbewusste Macht der Emotionen bringen, die wir im ersten Kapitel angesprochen haben, dann unterstreicht auch dies die Bedeutung der Beziehungsebene.

Es gilt, die Beziehungsebene zu stärken

Die Konsequenz aus dem Eisbergmodell ist selbstverständlich nicht, dass wir nun permanent über unsere Beziehung zu unserem Gegenüber reden müssten oder ihn mit Blumen und Pralinen überhäufen sollten. Vielmehr geht es darum, im eigenen Denken zu verankern, dass jeder Mensch mit Wertschätzung und Respekt behandelt werden möchte. Geschieht dies nicht, sei es verbal oder auch nonverbal durch die Art der Begrüßung oder der Einladung zu einem Gespräch, ist dies eine Schädigung der Beziehungsebene, die den unteren Eisberg größer werden lässt. Zur Stärkung der Beziehungsebene gehört im Gespräch zum Beispiel, dass ich meinem Gegenüber meine volle Aufmerksamkeit schenke, wenn er mit mir spricht, und ich deutlich mache, dass ich an seinen Ansichten interessiert bin. Nicht umsonst werden Sie so gut wie kein Kommunikations-, Verkaufs-, Verhandlungs- oder Konfliktseminar finden, in dem nicht die Rolle des aktiven Zuhörens (siehe Kapitel 6.4 „Das Klärungsgespräch") betont wird. Durch diese partnerzentrierte Form des Zuhörens nehme ich das Gesagte nicht nur besser auf, ich signalisiere vor allem auch Wertschätzung und stärke damit die Beziehungsebene.

Diese hohe Bedeutung der Beziehungsebene soll allerdings nicht darüber hinwegtäuschen, dass es auch Konflikte trotz einer intakten Beziehungsebene geben kann. Es kann durchaus sein, dass wir eine neutrale oder sogar positive Grundbeziehung zu unserem Gegenüber haben, aber aufgrund unserer Funktion oder unserer gegenteiligen Interessen in einem Konflikt miteinander stehen. Dies bedeutet dann lediglich, dass wir eine bessere Ausgangsbedingung haben, den Konflikt zu lösen, als Konfliktpartner, die keine solche stabile Beziehungsebene haben. Eine Lösung auf der Sachebene (siehe nächstes Kapitel) muss auch trotz guter Beziehung erarbeitet werden.

Eine positive Beziehungsebene ist eine optimale Ausgangsbedingung

Conclusio

Sie haben sich mittlerweile intensiv mit der persönlichen Ebene und auch mit der sozialen Dimension des Konfliktes beschäftigt. Als erfolgreicher Selbstcoach haben Sie in diesem Kapitel die Vorteile neuer Sichtweisen genutzt, um hilfreiche Einsichten über die Perspektive Ihres Konfliktpartners zu bekommen.

Nun ist es an der Zeit, sich mit der sachlichen Ebene und der aktiven Auseinandersetzung mit dem Konfliktinhalt zu beschäftigen.

5 Die sachliche Ebene – Lösungsvoraussetzungen

Ziel

In diesem Kapitel lernen Sie die Voraussetzungen einer sachlichen und langfristig haltbaren Konfliktlösung kennen.

Nutzen

Am Ende des Kapitels kennen Sie die vier grundlegenden Prinzipien der konstruktiven Konfliktklärung, Sie wissen, wie eine Win-win-Lösung aufgebaut ist und welche Schritte Sie zur Gestaltung kreativer Konfliktlösungen verwenden können.

Kernpunkte

▶ Win-win-Lösungen schließen einen Kompromiss aus.

▶ Schwarzer-Peter-Spiele verhindern eine nachhaltige Konfliktlösung.

▶ Konfliktklärungsmethoden funktionieren nur in Gemeinschaftsarbeit.

▶ Kreativität lässt sich durch Techniken anregen.

5.1 Was sind die Voraussetzungen für eine gute Lösung?

Sie haben sich nun bereits sehr intensiv mit dem Konflikt, Ihren eigenen Anteilen und Interessen beschäftigt. Wir kommen nun zur sachlichen Ebene des Konfliktes. Diese Ebene wird in Trainings von Teilnehmern in Konfliktmanagementseminaren gerne überschätzt und als wichtigster Aspekt bei der Konfliktlösung angesehen, und auf der anderen Seite von Trainern gerne unterschätzt, da ja die Beziehungsebene das wichtigste Element der Konfliktlösung sei. Nach unserer Vorstellung ist es nicht zweckdienlich, die Bedeutung einer der drei Ebenen über die anderen zu stellen. Es sind schlichtweg alle drei Ebenen (persönliche, sachliche und soziale) für eine nachhaltige Konfliktklärung zu beachten.

Die hier vorgestellte Grundlage zur sachgerechten Lösung von Konflikten kommt vom Harvard-Konzept für Verhandlungen (Fisher et al., 1984). Es geht von vier zentralen Grundannahmen aus:

Menschen und Probleme getrennt voneinander behandeln

Alle Menschen möchten freundlich und höflich behandelt werden. Wenn ich also von jemandem etwas will (zum Beispiel, dass er mir zuhört), dann ist es sinnvoll, dass ich mich so verhalte, dass er mir auch zuhören kann. Dies führt uns wieder zu unserem Leitgedanken in der Kommunikation zurück: „Der Sinn meiner Kommunikation ist die Reaktion meines Gegenübers." Wenn ich mein Gegenüber beschimpfe oder in die Ecke dränge, dann ist es nur natürlich, dass er nicht mit Verständnis, sondern mit Verteidigung oder Kampf antwortet. Stellen Sie sich bitte folgendes Beispiel vor: Sie haben ein Problem mit Ihrem Telefonanschluss; Sie können nicht angerufen werden. Das ist sehr ärgerlich, da Sie auf das Telefon angewiesen sind. Missgelaunt rufen Sie die entsprechende Störungsstelle an. Allerdings hängen Sie dort volle 20 Minuten in der Warteschleife, was Ihre Stimmung nicht gerade hebt. Schließlich haben Sie endlich jemanden am anderen Ende der Leitung und machen Ihrem Unmut über den schlechten Service erst einmal Luft. Eine sehr verständliche Reaktion, doch wie fühlt sich jetzt wohl Ihr Gegenüber? Er kennt Sie nicht, Sie kennen ihn nicht, aber das Erste, was er von Ihnen hört, sind ein aggressiver Tonfall und eine Beschwerde über den schlechten Service, wobei Ihr Gegenüber sicherlich so schnell, wie es ihm möglich war, Ihren Anruf beantwortet hat. In diesem Fall haben Sie ja auch gar keine Wut auf diese konkrete Person, sondern Sie ärgern sich über ein Unternehmen oder dessen „Leistung". Und weil Ihr Gegenüber für dieses Unternehmen arbeitet, sprechen Sie ihn auch als Vertreter dieser Organisation an. Und genau hier liegt der Knackpunkt: Wenn wir unsere Konfliktpartner nur in ihrer Funktion oder ihrer Rolle sehen, sprechen wir sie auch entsprechend an – wovon jeder Zugbegleiter der Deutschen Bahn wahrscheinlich ein Lied singen kann. Unser Gegenüber wird in diesem Augenblick auf seine Funktion reduziert, was es uns erleichtert, verbal auf ihn einzuschlagen, was jedoch die Situation für unser Gegenüber nur noch verschlimmert. Wenn wir uns dagegen bewusst machen, dass unser Gegenüber genauso wie wir ein Mensch ist, der das Recht hat, mit Respekt behandelt zu werden, wird die Art unserer Kommunikation gleich ganz anders aussehen. Daher gilt auch in der Kommunikation zwischen zwei Konfliktpartnern oder -parteien, dass neben der inhaltlichen Klärung immer die Beziehung zwischen den Beteiligten eine zentrale Rolle spielt. Ohne einen respektvollen Umgang miteinander wird es keine nachhaltige Lösung auf der Sachebene geben. In Abwandlung eines bekannten Sprichwortes kann man sagen: „Man gewinnt vielleicht die Schlacht, ist aber immer noch im Krieg."

In der englischen Originalausgabe des Harvard-Konzeptes heißt es daher auch so schön: „Be soft on the people and hard on the problem." Unsere Freundlichkeit zu unserem Konfliktpartner als Person hat nämlich nichts damit zu tun, dass wir in der Sache nicht knallhart und glasklar sein können und auch sollten. Daher ist die Konsequenz des ersten Grundgedankens des Harvard-Konzeptes, klar und hart in der Sache zu sein und gleichzeitig respektvoll mit unserem Gegenüber umzugehen.

Und genau dieser Grundgedanke ermöglicht es uns, so glasklar in der Sache zu sein, ohne stur oder rigide nur unseren Standpunkt zu wiederholen. Es ist wiederum die Unterscheidung zwischen Position und Interessen. Die eigene Position knallhart zu verteidigen, ist oft nur Ausdruck von Sturheit und mangelnder Kreativität. Das Ringen um Positionen führt im Konfliktfall so gut wie nie zu einer Win-win-Lösung. Daher ist es so wichtig, die eigenen Interessen hinter seinen Positionen zu kennen und auch die Interessen des Gegenübers in Erfahrung zu bringen. Dazu gibt es im nächsten Abschnitt noch weitere Erklärungen (Win-win-Lösungen). Außerdem wird dies ein zentraler Punkt für die soziale Ebene der Konfliktklärung sein, da die Interessen unseres Konfliktpartners für eine nachhaltige Lösung ebenso entscheidend sind wie die unseren.

> **Nicht Positionen, sondern Interessen in den Mittelpunkt stellen**

Dass die zu entwickelnden Entscheidungs- oder Lösungsmöglichkeiten zum Vorteil beider bzw. aller Konfliktparteien sein sollen, entspricht dem schon angesprochenen Win-win-Gedanken. Der zweite und entscheidende Gedanke hinter der dritten Grundannahme des Harvard-Konzeptes liegt im Plural von Entscheidungsmöglichkeit (im Original: Invent Options for Mutual Gain). Oft wird einer möglichen Lösung vorschnell der Zuschlag erteilt, weil alle Beteiligten froh sind, überhaupt einen gemeinsamen Weg gefunden zu haben. Außerdem ist es für die meisten Menschen einfach bequemer, sich auf einen Lösungsansatz zu fokussieren, anstatt in einem Lösungsraum mit unterschiedlichsten Alternativen zu denken – und dies nicht nur im Konfliktfall. Doch hier wollen wir es uns nicht bequem machen, sondern wir möchten eine nachhaltige Lösung für beide Seiten. Dazu ist es hilfreich, folgende Fallen zu kennen und zu meiden:

> **Entwickeln Sie vor einer Übereinkunft verschiedene Entscheidungsmöglichkeiten, die beiden Seiten helfen**

■ Die erstbeste Lösung nehmen und die weitere Suche nach Alternativen einstellen, damit man der Spannung der Situation endlich entfliehen kann.

■ Die Idee, dass es nur eine beste Lösung gibt. Eine bewusste Erweiterung des Lösungsraums wird oft nicht zugelassen, da sich Kreativität durch vorschnelles kritisches Denken nicht entfalten kann.

■ Zusätzliche Dimensionen, die den Lösungsraum erweitern, werden oft gar nicht genügend beachtet. So wird sich gerne um Geld gestritten, ohne zusätzliche Dimensionen wie Service, Detailtiefe, Zeit, Wertschätzung, Qualität, Spaß, Zusatzfunktionen, Prestige etc. zu berücksichtigen.

■ „Wenn jeder sich um sich kümmert, ist an jeden gedacht." Ich denke im Streitfall vornehmlich an die Erfüllung meiner Interessen und nicht an die Erfüllung der Interessen der anderen. Dadurch wird es schwieriger, einen nachhaltigen Lösungsansatz zu entwickeln, der nicht nur in der Sache ein Erfolg werden soll, sondern auch die Beziehung langfristig stärken kann.

Das Ergebnis auf objektiven Entscheidungskriterien aufbauen

Wie soll nun entschieden werden, welche der entwickelten Lösungen mit Blick auf die bestehenden Interessen fair ist? Welche Kriterien können hierzu dienen? Fragt man Konfliktparteien nach Kriterien zur Bewertung möglicher Lösungen, wird man oft beobachten, dass die Auswahl der Kriterien auf mysteriöse Weise viel Ähnlichkeit mit den ursprünglich geäußerten Positionen hat. Es ist eben alles andere als trivial, sich auf möglichst objektive Kriterien zu einigen. Was könnten zum Beispiel objektive Kriterien bei der Zuteilung einer ungeliebten Arbeit sein? Wenn die Qualifikation keine Rolle spielt, alle Beteiligten ungefähr die gleichen zeitlichen Ressourcen zur Verfügung haben und diese Aufgabe so zum ersten Mal ansteht. Ein Hauptproblem liegt hier oft in der mangelnden Information. So kann man im eben erwähnten Beispiel leicht übersehen, dass einer der Beteiligten nur noch sechs Monate in der Abteilung ist und dann wechselt. Ob das für ihn oder gegen ihn bei der Übernahme der ungeliebten Aufgabe spricht, hängt natürlich von der Aufgabe ab. Deutlich wird aber, dass man bei der Suche nach objektiven, das heißt für uns von allen nachvollziehbaren und akzeptierten Informationen, gründlich sein sollte. Es ist nämlich ein durchweg positiver und hilfreicher Schritt bei der Lösung von Konflikten, wenn sich die beteiligten Konfliktparteien gemeinsam auf die Suche nach solchen Informationen machen, die als Entscheidungshilfen dienen können. Diese Kriterien sollten unabhängig vom Willen oder Einfluss der Parteien sein und durch eine anerkannte Instanz legitimiert sein. Macht man sich gemeinsam auf die Suche nach solchen Kriterien, kann der Konflikt zur gemeinsamen Aufgabe umdefiniert werden. Quellen für entsprechende Kriterien könnten zum Beispiel sein: offizielle Zahlenwerke (zum Beispiel Mietspiegel), Vergleichsfälle, Expertenwissen, vorhandene Regelungen aus ähnlichen Situationen, Gutachten oder Gerichtsurteile. Dies führt nicht zwangsläufig zu objektiven Kriterien, aber es macht Entscheidungen und Argumentationen nachvollziehbar. Und diese Nachvollziehbarkeit ist es, die es im Streitfall ermöglicht, gemeinsame Entscheidungskriterien zu finden. Auf der anderen Seite sollte man keiner Entscheidung zustimmen, deren zugrunde liegenden Kriterien Sie nicht kennen oder verstehen. Lassen Sie sich gegebenenfalls überzeugen, aber niemals überreden.

Neben den Kriterien für die Entscheidung kann man natürlich auch versuchen, durch faire Entscheidungsprozesse zu einer vernünftigen Einigung zu kommen. Eine der berühmtesten Entscheidungsregeln für Streitigkeiten kommt wohl aus der Bibel. Danach entscheidet die eine Konfliktpartei über die Aufteilung des Gutes und die andere Konfliktpartei entscheidet, wer welchen Teil bekommt. Es liegt hier natürlicherweise im beiderseitigen Interesse, fair und vernünftig zu entscheiden.

Einen für beide Seiten fairen Entscheidungsprozess initiieren

Ein weiterer Entscheidungsprozess, der auf die Vernunft setzt, ist ein Konfliktmanagementsystem, welches für Unternehmen geeignet ist: Streiten sich zwei Mitarbeiter (oder Gruppen), so müssen sie als Erstes versuchen, sich selbstständig zu einigen. Gelingt dies nicht, können sie sich an den Vorgesetzten wenden, der vermitteln soll, ohne allerdings selbst eine Entscheidung zu treffen. Sollten die Konfliktpartner unter der Vermittlung des Vorgesetzten nicht zu einer gemeinsamen Einigung kommen, so geht der Fall an den nächsthöheren Vorgesetzten zur Entscheidung. Dieser muss nun zugunsten einer der ursprünglichen Positionen (hier bewusst Position und nicht Interessen!) für die eine oder die andere Seite entscheiden. Ein Kompromiss ist hier nicht mehr zulässig. Die Gefahr ist also für beide Seiten relativ groß, dass man mit vollkommen leeren Händen dasteht, was die Motivation für die Einigung während der ersten beiden Schritte deutlich erhöht.

Conclusio

Der erste Abschnitt zur sachlichen Ebene hat Sie mit den Grundannahmen des Harvard-Konzeptes vertraut gemacht: Separate the People from the Problem, Focus on Interests – not Positions, Invent Options for Mutual Gain, Insist on Using Objective Criteria. Jeder Schritt der Konfliktlösung sollte auf Grundlage dieser Haltung erfolgen, wenn das Ziel eine nachhaltige Lösung auf der Sach- und Beziehungsebene zwischen den Konfliktparteien ist.

Da der Win-win-Gedanke von besonderer Bedeutung für eine nachhaltige Konfliktlösung ist, gehen wir im nächsten Abschnitt einmal ausführlicher auf dieses Konzept ein.

5.2 Wie funktioniert eine Win-win-Lösung?

Wir haben uns bereits schon kurz mit der Unterscheidung von Position und Interessen beschäftigt. Zur Verdeutlichung dieses Gedankens lesen Sie bitte diese kleine Geschichte über einen Kürbis im Oktober.

Peter geht auf den kleinen Markt im Stadtviertel, um frisches **Beispiel: Der Kürbis**
Gemüse einzukaufen. Es ist ein schöner Herbsttag, und er freut sich schon darauf, seine Familie mit seiner berühmten Kürbissuppe zu erfreuen. Gerade ist er beim Gemüsestand angekommen, wo er Martin trifft, seinen Freund und Nachbarn.
„Hallo Martin!"
„Hallo Peter! Schön dich zu sehen! Wie geht's?"
„Danke sehr gut! Ich bin allerdings in Eile. Ich will nur noch diesen schönen Kürbis kaufen und muss dann schnell nach Hause, weil Eva auf mich wartet."
„Oh, den Kürbis kannst du nicht kaufen. Den wollte ich gerade kaufen …"
Und da haben wir den Salat: ein Markt, nur ein Gemüsestand mit nur einem einzigen Kürbis und zwei Freunden, von denen jeder diesen einen Kürbis kaufen möchte … Natürlich werden sich die zwei Freunde nicht über diesen einen Kürbis entzweien. Daher schlägt Peter vernünftigerweise vor:
„Wir können den Kürbis ja auch teilen. Jeder bekommt eine Hälfte, das ist doch besser als nichts, oder?"
Damit wären wir beim klassischen Kompromiss: Jeder ist gleich unzufrieden. Also fragt Martin noch einmal nach:
„Mmmh, einen halben Kürbis. Was genau hast du denn mit dem Kürbis vor?"
„Na, heute ist doch unser großes Familientreffen und da wollte ich meine berühmte Kürbissuppe machen. Was macht man sonst mit einem Kürbis?"
„Ach so, du wolltest deine Kürbissuppe machen! Na, ich bin ja allergisch gegen Kürbis. Ich wollte mit den Kindern ein Halloween-Gesicht aus Kürbis machen, weil doch heute der 31. Oktober ist!"

Damit löst sich der potenzielle Streit natürlich ganz einfach auf. Sowohl Martin wie auch Peter können ihre Pläne vollständig umsetzen. Peter bekommt das Fruchtfleisch des Kürbisses und Martin bekommt den ausgehöhlten Kürbis für das Halloween-Gesicht. Beide sind also vollständig zufrieden. Wie war dies möglich? Am Anfang hatten sowohl Peter wie auch Martin eine Position geäußert, die nicht vereinbar war: „Ich möchte diesen Kürbis kaufen." Und da dies der einzige Kürbis auf dem Markt war, wäre es unmöglich gewesen, sich auf der Grundlage dieser Positionen so zu einigen, dass beide Parteien zufrieden auseinandergegangen wären. Doch durch das Nachfragen, wozu der andere denn den Kürbis brauche, sind beide eine Stufe tiefer gekommen. Sie haben etwas über das Anliegen hinter den Positionen erfahren. Und auf dieser Ebene, der Ebene der Anliegen, Bedürfnisse und Interessen, sind Lösungen in der Regel sehr viel einfacher zu erreichen als auf der Ebene der Positionen. Dies entspricht genau dem zweiten Kerngedanken des Harvard-Konzeptes, wonach Interessen und nicht Positionen im Mittelpunkt stehen sollten.

Den Interessen
beider dienen, ist
die Win-win-
Lösung

In der Realität gehen solche Streitigkeiten nicht immer so glimpflich ab und sind in der Regel komplizierter. Dennoch ist es der Kern einer jeden konstruktiven Konfliktlösung, dass man nach Möglichkeiten suchen sollte, beide Seiten zu 100 Prozent zufriedenzustellen. Dies ist genau das, was man allgemein als Win-win-Lösung bezeichnet: Die Interessen beider Konfliktparteien werden gleichermaßen berücksichtigt und möglichst vollständig erfüllt.

Ein etwas praxisnäheres Beispiel war unsere Geschichte mit dem Angestellten, der eine Gehaltserhöhung wollte, der Chef aber kein Budget für Gehaltserhöhungen zur Verfügung hatte. Schaut man hinter den Wunsch nach Gehaltserhöhung, entdeckt man oft das Bedürfnis nach Gerechtigkeit, Anerkennung, Wertschätzung usw. Auf dieser Ebene, der Ebene der Interessen hinter der Position, ist dann eine Lösung sehr wohl möglich.

Interesse A   Win-win-Lösung   **Abb. 6: Win-win-Lösung**

Kompromisslösung

Interesse B

Und dieses Prinzip lässt sich zur Überraschung der meisten Konfliktbeteiligten auch auf die eigenen (Streit-)Themen anwenden.

Nehmen Sie sich einen Moment Zeit und denken Sie an verschiedene Forderungen oder Wünsche, die Leute aus Ihrer Umgebung geäußert haben. Welche dahinter liegenden Interessen können Grund für die Forderungen gewesen sein? Schreiben Sie bitte ein paar Beispiele auf:

....

Arbeit mit dem Notizbuch

_____

_____

_____

....

5.3 Der besondere Weg zur Konfliktlösung

Erstens: Ressourcenorientierte Konfliktlösung

Die ressourcenorientierte Konfliktlösung lehnt sich an den sogenannten Reteaming-Prozess nach Ben Furman und Tapani Ahola an, der für die Arbeit mit Gruppen entwickelt wurde. Dabei geht man von der Philosophie aus, dass niemand (alleine) für das Problem verantwortlich ist, aber alle Beteiligten für den Erfolg. Ich suche im Konflikt also nicht den Schuldigen, sondern sehe alle beteiligten Personen als Schatzsucher auf der Suche nach einer gemeinsam getragenen Lösung. Wie kann dies nun konkret in der Praxis aussehen?

Themen sammeln und übersetzen Als Erstes setze ich mich (gut vorbereitet durch die vorherigen Kapitel und eine bereits geleistete Beziehungsarbeit) mit meinem Konfliktpartner zusammen und schreibe eine vollständige Liste aller Probleme auf, die mit unserem Thema zu tun haben. Diese Themen werden nicht diskutiert, sondern einfach gesammelt. Sobald ich und auch mein Gegenüber das Gefühl haben, dass die Liste vollständig ist, übersetzt man jedes einzelne Problem in ein Ziel. Und dies ist das Spannende: Jedes Problem ist immer auch ein Ziel! Wenn das Problem zum Beispiel lautet „Mangelnde Information", dann wäre das korrespondierende Ziel „Ausreichende Information"; wenn das Problem lautet „Zu hohe Arbeitslast", dann wäre das korrespondierende Ziel „Eine angemessene Arbeitslast". Dies sind natürlich keine Ziele einer klassischen Zielvereinbarung zur Leistungsmessung im Unternehmen (spezifisch, messbar, ambitioniert, realistisch und terminiert), doch das brauchen wir an dieser Stelle auch nicht. Stattdessen brauchen wir eine neue Perspektive auf unser Konfliktthema und die wird bereits mit dem Transfer der Problemsicht in eine Zielsicht eingeleitet. Denn der Unterschied zwischen der Problembeschreibung und der Zielbeschreibung liegt in der Perspektive und den damit verbundenen Emotionen. Bei der Problembeschreibung schaue ich nach hinten und die Emotionen kommen eher aus dem Bereich Angst, Verneinung, Verteidigung und Aggression. Bei der Zielbeschreibung schaue ich nach vorne und die Emotionen kommen eher aus dem Bereich Neugier, Aufbruch, Handlungswunsch etc. Wichtig bei der Zielformulierung ist natürlich, dass sie kein Kuckucksei ist. Ich kann als Ziel formulieren: „Mein Gegenüber sollte mir mehr Informationen geben." Damit richte ich eine Anklage gegen meinen Konfliktpartner. Die Konsequenz dürfte sein, dass sich mein Gegenüber verteidigt und wir in einen Streit über richtig und falsch enden … es ist folglich nicht sehr hilfreich: Geht der Mann in die Kneipe, weil seine Frau mit ihm schimpft, oder schimpft die Frau mit ihrem Mann nur, weil er in die Kneipe geht? Wenn ich allerdings das Ziel so neutral wie möglich und für beide Seiten verträglich formuliere, zum Beispiel „Ausreichend Informationen für alle Beteiligten" oder „Gemeinsames Abendessen um 19:00 Uhr ohne Kommentare über den Charakter des Gegenübers", gibt es gar keinen Grund, sich zu verteidigen, und man kann die Energie stattdessen für die Wegfindung zum Ziel nutzen.

Nun haben mein Gegenüber und ich also eine ganze Reihe von Zielen. Daher gilt es jetzt festzulegen, welches Ziel zuerst angegangen werden soll. Und wenn wir von zuerst reden, dann meinen wir zuerst und sogar ausschließlich – auf jeden Fall für die aktuelle Diskussion. Der Sinn einer solchen Festlegung auf ein einziges Ziel liegt in der Erkenntnis, dass man sich immer nur wirklich auf eine Sache gut konzentrieren kann (oder kennen Sie einen Bergsteiger, der auf zwei Gipfel gleichzeitig klettert?) und dass eine Veränderung an einer Stelle Veränderungen in anderen Bereichen automatisch mit anstößt. Stellen Sie sich einfach ein Mobile vor: Sie ziehen an einer Stelle des Mobiles und das ganze Mobile fängt an sich zu bewegen. Genauso machen wir es auch im Rahmen der ressourcenorientierten Konfliktlösung. Wir fokussieren uns auf ein Ziel, verfolgen es konsequent und betrachten dann die positiven Auswirkungen auf die Gesamtheit der problematischen The-

Auswahl eines Ziels

men und die konfliktbehaftete Beziehung. Die Auswahl des Zieles sollte sich aber auch an der Bedeutung der verschiedenen Ziele orientieren. Das heißt, das erste Ziel sollte das wichtigste und vielleicht auch das anspruchsvollste Ziel von der Liste sein, damit man einen richtig großen Schritt nach vorne in der Konfliktlösung kommt.

Gewinne verdeutlichen Lohnt es sich überhaupt, das Ziel zu verfolgen? Um das herauszufinden, denkt nun jeder der Konfliktparteien einmal intensiv über die Konsequenzen einer möglichen Zielerreichung nach.

- Welche Vorteile hat es, wenn ich das Ziel erreiche?
- Welche Nachteile hat es, wenn ich das Ziel nicht erreiche?

Wer hat sonst noch etwas von der Zielerreichung? Vielleicht Kollegen, Vorgesetzte, Lebenspartner oder …? Je deutlicher der Gewinn einer möglichen Zielerreichung ist, desto stärker wird auch unsere Motivation sein, das Ziel zu erreichen.

Zukunft prüfen Was wird in Zukunft passieren, wenn wir das Ziel gemeinsam erreicht haben? Das ist eine spannende Frage, und es lohnt sich, zusammen mit Ihrem Gegenüber einmal zu überlegen, wie die Situation ein Jahr nach der Zielerreichung aussieht. Die gemeinsame Besprechung einer besseren Zukunft wird sich auch positiv auf beide Konfliktparteien und ihr Verhältnis zueinander im Hier und Jetzt auswirken.

Veränderung andenken Das Ziel ist also bestimmt und auch bestimmt gut! Dann sollten Sie sich jetzt zusammen mit Ihrem Gegenüber darüber Gedanken machen, was notwendig wäre, um das Ziel auch wirklich zu erreichen. Vielleicht können Sie eine der weiter unten erwähnten Kreativitätstechniken nutzen? Es geht hier noch nicht um konkrete Maßnahmen, sondern um den sogenannten Solution Talk, dem gemeinsamen Entwickeln von Ansatzpunkten für Veränderungen in Richtung Ziel. Wahrscheinlich bilden sich dann auch schon ganze Bereiche heraus, die sich am besten für Veränderungen eignen. Dies sind dann die Ansatzpunkte für die ersten Maßnahmen.

Nun ist es an der Zeit, konkrete Maßnahmen zu definieren. Was soll wer bis wann machen, damit das Ziel erreicht werden kann? Dabei ist es wichtig, dass die Maßnahmen klein und überschaubar genug sind. Es geht also darum, mit kleinen Schritten anzufangen, die auch auf jeden Fall gelingen werden. Dies hält die Motivation hoch und hilft bei der Umsetzung der Maßnahmen in den Alltag.

Maßnahmen festlegen

Können wir die Maßnahmen alleine umsetzen oder brauchen wir Verstärkung? Müssen oder können andere Personen in die Maßnahmenumsetzung involviert werden? Es gilt ja, möglichst kleine Schritte und realistische Maßnahmen zu vereinbaren, für die auch die notwendigen Ressourcen vorhanden sind oder zumindest organisiert werden können.

Ressourcen prüfen

Auch der beste Plan und die schönsten Maßnahmen erleiden manchmal Schiffbruch. Daher ist es besonders wichtig, sich zu überlegen, wie mit möglichen Rückschlägen umgegangen werden soll. Was passiert zum Beispiel, wenn ich gehört habe, dass sich mein Gegenüber nicht an vereinbarte Maßnahmen gehalten hat? Wie gehe ich damit um, dass mir ein Freund im Nachhinein sagt, dass ich meine Position unter Wert verkauft habe usw.? Solche und ähnliche Fragen sollten Sie sich zusammen mit Ihrem Konfliktpartner stellen, um jetzt schon für später geeignete Gegenstrategien parat zu haben.

Fehlschläge einplanen

Zu guter Letzt sollten Sie zusammen mit dem Konfliktpartner alle vereinbarten Maßnahmen und auch Strategien gegen die Rückschläge noch einmal zusammenfassen bzw. aufschreiben, damit nichts verloren geht. Sinnvollerweise vereinbart man gleich einen Folgetermin, um Fortschritte zu feiern und Rückschritte umzukehren.

Vereinbarung fixieren

Zweitens: In sechs Schritten zur positiven Absicht

Diese Klärungsstrategie für Konflikte basiert auf dem sogenannten Six-Step-Reframing (Bandler/Grinder, 1985) aus dem
NLP. Auch wenn das klassische Six-Step-Reframing eigentlich
für „innere Konflikte" gedacht ist, kann man das Vorgehen
durchaus auf einen Konflikt zwischen zwei oder mehrere Parteien übertragen. Ausgangspunkt für diese Art der Konfliktlösung ist die Annahme, dass alles Verhalten eine positive Absicht
verfolgt. Dies mag sich jetzt verwegen anhören, doch ist es letztendlich nichts anderes als die Grundannahme des Harvard-
Konzeptes, dass die Interessen hinter den Positionen durchaus
nachvollziehbar und respektabel sind. Das heißt aber eben
nicht, dass der Weg, diese Interessen bzw. die positive Absicht
zu erreichen, ebenso akzeptabel sein muss. So ist es zum Beispiel ein durchaus legitimes Interesse, seine Kinder
mit Kleidung und Nahrung zu versorgen. Allerdings ist es nicht
akzeptabel, dafür Banken auszurauben. Die Interessen sind
in diesem Beispiel sehr nachvollziehbar und legitim, der Weg,
diese zu erfüllen, ist es nicht. Daher gilt es, einen besseren Weg
zu finden, wie die legitimen Interessen befriedigt werden
können.

Auf diesen Gedanken aufbauend geht das Six-Step-Reframing
davon aus, dass das eigentliche Ziel (auf der Interessenebene)
für jede der Konfliktparteien erhalten bleiben soll, doch der
Weg dahin intelligenter sein könnte. Wir werden uns diesen
Grundgedanken zunutze machen und auf das gemeinsame
Klärungsgespräch übertragen. Zum besseren Verständnis des
Six-Step-Reframing seien dessen Schritte bei der intraindi-
viduellen Problemlösung hier einmal kurz dargestellt. Dabei
wird Ihnen schnell deutlich werden, dass man das klassische
Six-Step-Reframing idealerweise mit einer guten Portion an
Fantasie und Vorstellungsvermögen durchführt.

Identifizierung des Verhaltens   *Identifizierung des Verhaltens,* das verändert werden soll (zum
Beispiel „Ich möchte aufhören zu rauchen.").

Innere Kontaktaufnahme mit dem Teil der eigenen Persönlichkeit, der für das Verhalten verantwortlich ist und damit eine positive Absicht (zum Beispiel Entspannung) verfolgt. Diesem Teil unserer Persönlichkeit können wir einen Namen geben, um ihn besser ansprechen zu können (Teil X). Der Konflikt besteht in diesem Beispiel also zwischen dem Wunsch, mit dem Rauchen aufzuhören, und dem Teil X, der die bewährte Methode zur Entspannung (eben das Rauchen) nicht aufgeben möchte.

Innere Kontaktaufnahme mit der positiven Absicht

Identifizierung der positiven Absicht hinter dem unerwünschten Verhalten mithilfe des Teils X. Gedankliche Trennung der positiven Absicht (Entspannung) vom Verhalten (Rauchen).

Identifizierung der positiven Absicht

Innere Kontaktaufnahme zum kreativen Teil der eigenen Persönlichkeit. Brainstorming zwischen dem kreativen Teil und dem Teil X, mit dem Ziel, neue Wege zum Erreichen der positiven Absicht zu finden. Auswahl der drei besten Alternativen (zum Beispiel Musik hören, Schokolade essen und Tiefenatmung), die genauso gut und genauso schnell die positive Absicht erfüllen wie das alte unerwünschte Verhalten.

Innere Kontaktaufnahme zum kreativen Teil

Die Verantwortung für das Testen der drei neuen Alternativen dem Teil X *übertragen*, der schon in der Vergangenheit seine Fähigkeiten unter Beweis gestellt und Ideen umgesetzt hat. Teil X sollte sich also bereit erklären, für eine definierte Zeit (zum Beispiel drei Wochen) die Alternativen anstelle des alten, problematischen Verhaltens auszuprobieren. Nach dieser Zeit kann dann entschieden werden, welches Verhalten vorwiegend genutzt werden soll.

Verantwortungsübertragung

Abschließend erfolgt die *ökologische Überprüfung*, das heißt, es wird überprüft, ob es andere Teile der eigenen Persönlichkeit gibt, die gegen die drei neuen Alternativen Einspruch erheben (zum Beispiel der Teil, der für meine schlanke Linie verantwortlich ist). Falls ja, werden die Schritte des Six-Step-Reframings nochmals zusammen mit dem Teil durchgeführt, der

Ökologische Überprüfung

Einspruch erhoben hat. Ansonsten ist das Six-Step-Reframing erfolgreich abgeschlossen.

Das Prinzip der Veränderungs- arbeit für Konflikt- lösung nutzen So merkwürdig sich dieses Verfahren beim Lesen auch anhören mag, so erstaunlich sind die Verhaltensänderungen in der Praxis. Doch hier wollen wir uns nicht mit den Mysterien der intraindividuellen Veränderungsarbeit beschäftigen, sondern das Prinzip der oben dargestellten Veränderungsarbeit für ein Klärungsgespräch zwischen zwei Konfliktparteien nutzen.

Ein besserer Weg Wie können wir nun die Schritte des Six-Step-Reframings für unsere Konfliktlösung nutzbar machen? Der Schlüssel liegt in der Grundannahme dieser Methode, dass die positive Absicht hinter dem negativen Verhalten erhalten bleiben soll und nur ein besserer Weg gefunden werden muss. Unsere Strategie zur Konfliktlösung in sechs Schritten sieht folgendermaßen aus:

- *Identifizierung der Positionen,* die sich scheinbar unvereinbar gegenüberstehen.
- *Dialog der Konfliktparteien* über die Positionen mit dem Ziel, diese so klar wie möglich zu beschreiben und gegenseitig zu verstehen.
- *Identifizierung der Interessen* (= positiven Absicht) hinter den Positionen. Bewusste und gemeinsame Trennung der Positionen und der dahinter liegenden Interessen. Formulierung von möglichst konkreten Zielen für jede Konfliktpartei auf Grundlage der identifizierten Interessen.
- *Brainstorming* oder eine andere Form der kreativen Problemlösung zur Entwicklung von alternativen Wegen, um die definierten Ziele zu erreichen. Auswahl der besten Alternativen für eine Testphase.
- *Vereinbarung* über die nächsten Schritte sowie über die gegenseitige Verantwortung zur Umsetzung der festgelegten Alternativen.
- *Abschließende Überprüfung* der Vereinbarung auf Konsequenzen für andere Bereiche oder auch andere Personen.

Dies ist ein Raster für eine gemeinsame Suche nach Lösungsansätzen, die beiden Parteien entsprechen. Welche genau unsere Interessen im Konflikt sind und was uns wichtig ist, haben wir ausführlich im dritten Kapitel „Die persönliche Ebene" besprochen. Welche Interessen unser Gegenüber hat und was ihn sonst noch bewegt, haben wir im vierten Kapitel „Die soziale Ebene" besprochen. Doch sollte mittlerweile klar sein, dass es letztendlich keine Alternative zum offenen Austausch über die jeweiligen Interessen der Konfliktpartner geben kann – nur nicht eben ganz zu Beginn der Konfliktklärung.

Alternativlos: Der offene Austausch über die Interessen

Conclusio

Eine ressourcenorientierte Konfliktlösung geht von der Philosophie aus, dass keiner alleine für das Problem, aber alle Beteiligten für die Lösung verantwortlich sind. Daher macht es auch keinen Sinn, den Schwarzen Peter für die Probleme herumzuschieben, sondern aus jedem Problem ein Ziel zu machen.

Eine ähnliche Philosophie verfolgt auch das Six-Step-Reframing: Hier geht es darum, die positiven Absichten hinter problematischen Verhaltensweisen zu finden. Ist dies erst einmal geschafft, konzentriert man sich auf das Ziel anstatt auf das Auseinanderbröseln von Problemen.

Beiden Konzepten ist ebenfalls gemeinsam, dass eine Konfliktlösung immer eine Gemeinschaftsarbeit aller Konfliktparteien sein muss, soll die Lösung auch wirklich nachhaltig sein. Außerdem wird durch die gemeinsame Erarbeitung eines Lösungsansatzes gleich ein Positivbeispiel für eine Zusammenarbeit ehemaliger Gegner geschaffen!

Manchmal fehlt aber einfach der zündende Gedanke zur Lösungsfindung. Um dieses Tal zu durchqueren, können uns Kreativitätstechniken unterstützen. Als Anregung sind im Folgenden drei von ihnen dargestellt.

5.4 Kreative Wege zur Win-win-Lösung

Ein wichtiger Punkt in dem Finden von Lösungen ist das Denken „Out-of-the-Box". Dem wird jeder schnell zustimmen. Das heißt aber noch lange nicht, dass wir dies auch tun. Wir sind wie das berühmte Huhn, das hinter einer Glasscheibe steht und auf der anderen Seite eine Schale mit leckeren Körnern sieht. Es kann nicht durch die Scheibe und links und rechts gehen Stellwände von der Scheibe ab. Das Huhn könnte also einfach die Wände entlanggehen, diese umrunden und dann nach vorne zur Körnerschale gehen. Doch das Huhn schafft genau dies nicht, da an der Stelle, wo das Huhn die Stellwände umrunden könnte, es die Schale mit Körnern aus den Augen verliert und sich nicht traut, die restlichen Schritte zu gehen. Also kehrt es wieder zurück und schaut sich weiterhin die Schale mit den Körnern an, die doch so nah scheint ...

Kreativität erfordert Mut So geht es auch den meisten von uns. Wenn wir das Ziel nicht vor Augen haben und uns stetig darauf zubewegen, beschleicht uns ein ungutes Gefühl, dass wir den rechten Weg verlassen haben. Dieser Reflex verhindert wahrhafte Kreativität. Daher versuchen die meisten Kreativitätstechniken, uns mit Regeln und systematischem Vorgehen behutsam von der Zielfixierung zu lösen, um frei denken zu können, bevor wir unsere neuen Erkenntnisse wieder zur Zielerreichung einbringen.

Der Klassiker: Brainstorming

Wir gehen hier noch einmal kurz auf das mehr oder weniger bekannte Brainstorming als den Klassiker der kreativen Lösungsfindung ein, weil es oft nicht nach allen Regeln der Kunst durchgeführt wird und daher an Wirkung verliert. Die folgenden Regeln, und vor allem die Trennung zwischen der Ideengenerierung und der Bewertung, sind keine Formalien, sondern sie sind die Wirkprinzipien der Methode. Ohne die Einhaltung der Regeln verschenkt man daher kreatives Potenzial ohne Ende.

Das Ziel des Brainstormings ist es, durch die gegenseitige Anregung der Beteiligten, den klaren Zeitrahmen und das „Verbot" kommentierender und bewertender Äußerungen eine möglichst große Zahl von Ideen zu erhalten. Dazu äußern die Beteiligten in der Phase der Ideengenerierung zu einer konkreten Fragestellung (zum Beispiel „Wie können wir den Informationsfluss in der Abteilung verbessern?") auf Zuruf ihre Ideen, die dann möglichst auf einem Flipchart aufgeschrieben werden. Natürlich können die Ideen auch auf einem Block oder auf Metaplan-Karten geschrieben werden. Am unmittelbarsten und für alle sichtbar ist es in der Regel auf einem Flipchart.

Das Ziel des Brainstormings

Damit auch wirklich alle Ideen auf den Tisch kommen, gelten folgende Regeln für die Phase der Ideengenerierung:

Regeln für das Brainstorming

- „Spinnen" ist erlaubt.
- Jede Idee gehört allen Beteiligten (keine Urheberrechte).
- In der Ideensammlung geht Quantität vor Qualität.
- Keine Kommentare oder Bewertungen.
- Jeder beteiligt sich.

Oft stellt sich die Frage, wie lange denn so ein Brainstorming dauern sollte. Die Erfahrung zeigt, dass 20 bis 30 Minuten durchaus ausreichen, die wichtigsten Ideen zu generieren, auf die man weiter aufbauen kann. Dabei kann es gut sein, dass der Ideenfluss innerhalb dieser Zeit ins Stocken gerät. Dann sollte dieser Fluss durch Reizwörter, Provokationen oder besonders ausgefallene Ansätze wieder angeregt werden. Auf keinen Fall sollte die Ideengenerierung nach dem ersten Stocken beendet werden. In der Regel kommen nach dieser „Pause" noch einmal viele interessante Einfälle.

Dauer

Es gibt übrigens auch die schriftliche und individuelle Variante der Ideengenerierung. Das nennt sich dann Brainwriting und unterliegt den gleichen Regeln, nur dass zuerst alle Ideen von den Beteiligten auf Metaplan-Karten geschrieben werden,

Variante: Brainwriting

die die anderen noch gar nicht sehen. Das soll diejenigen Menschen unterstützen, die sich durch eine offene Diskussionsrunde nicht angeregt, sondern eher bedrängt oder eingeengt fühlen. Nutzt man diese Variante, sollte man darauf achten, dass nach dem Veröffentlichen der Ideen noch einmal Zeit für Ergänzungen zur Verfügung steht, damit der Anregungsgehalt der fremden Ideen genutzt werden kann.

Bewertung Dann folgt die Phase der Bewertung. Das bedeutet, dass die Ideen zuerst einmal grob gesichtet werden: Welche Ideen gehen in die gleiche Richtung? Welche kann man sinnvollerweise zusammenfassen? Welche scheiden aufgrund von rationalen Überlegungen aus (zum Beispiel das Pentagon mit in die Problemlösung einzubeziehen)? Und welche sollten auf jeden Fall weiterverfolgt werden? Dieser ganze Prozess wiederholt sich mehrere Male, bis die Ideen mit dem größten Lösungspotenzial identifiziert wurden.

Diskussion In der Diskussion der Lösungsansätze zeigt sich oft sehr schnell, ob diese für alle Beteiligten machbar sind oder ob es Einwände gibt, die die Umsetzung erschweren oder sogar unmöglich machen. Dabei gilt es, immer die oben schon besprochenen Win-win-Lösungen im Auge zu behalten. Ein Kompromiss, mit dem beide Seiten nicht wirklich zufrieden sind, zahlt sich auch an dieser Stelle nicht aus. Vielleicht erhält man durch die Diskussion über mögliche Lösungsansätze auch neue Erkenntnisse über die Sichtweisen des Gegenübers. Dann kann es durchaus sein, dass man zu einer neuen Fragestellung und einer neuen Runde des Brainstormings kommen kann.

Wir können allerdings auch mal etwas Neues probieren: zum Beispiel die Walt-Disney-Kreativitätsstrategie!

Die Walt-Disney-Kreativitätsstrategie
Diese Kreativitätsstrategie aus dem NLP ist mehr als eine effektive Methode zur Entwicklung neuer Ideen. Es ist eine

besondere Art zu denken, das heißt, sich Aufgaben in anderer Weise anzuschauen und durch den Kopf gehen zu lassen, als man das normalerweise gewohnt ist. Die im Folgenden beschriebene Strategie ist nach Walt Disney benannt, der als besonders kreativ galt und angeblich für jede der gleich beschriebenen Sichtweisen oder auch inneren Stimmen einen eigenen Raum hatte, in dem sich dann jeweils nur eine Sichtweise voll entfalten sollte.

Der erste Raum gebührt dem Träumer. Im *Träumer-Raum* werden Visionen geboren. Hier geht es darum, hemmungslos Gedanken zu spinnen und sich über die Konsequenzen keine Sorgen zu machen. Hier werden neue Welten geboren und Konflikte so gelöst, dass sich alle freudestrahlend in den Armen liegen (soweit das zum positiven Traum gehören sollte).

Im Träumer-Raum

Der *Macher-Raum* ist Raum Nummer zwei. Hier werden Quellen für die Umsetzung gefunden. Es geht also darum zu erforschen, was wir tun müssten, wenn wir die Idee umsetzen wollten. Es geht hier also nicht so sehr um „Ja, machen wir." oder „Nein, machen wir nicht.", sondern vielmehr um die Frage: „Unter welchen Bedingungen und mit welchen Ressourcen könnten wir die Idee umsetzen?"

Im Macher-Raum

Im dritten Raum, dem *Kritiker-Raum* wird hinterfragt, auseinandergenommen und zusammengesetzt. Hier darf gezweifelt und kritisiert werden, bis alles an „Ja, aber …" ausgesprochen wurde, was im Hinterkopf da war. Ziel ist es übrigens nicht, Kritik auszusprechen, die ich eigentlich gar nicht habe, sondern wirklich nur die Dinge hervorzubringen, die bei mir als Kritik im Hinterkopf oder im Bauch verborgen sind.

Im Kritiker-Raum

Übung

Wie sieht der Ablauf der Walt-Disney-Kreativitätsstrategie als Übung aus?

Suchen Sie sich im Raum einen „Traum-Platz", einen „Macher-Platz" und einen „Kritiker-Platz" und kennzeichnen Sie alle drei Plätze unterschiedlich (zum Beispiel durch farbige Karten). Zusätzlich brauchen Sie noch einen vierten Platz als Meta-Position (siehe Kapitel 2 „Das Rüstzeug"), also als Reflexionsplatz.

Stellen Sie sich nacheinander auf jeden der drei Plätze und denken Sie sich in jeden der drei Zustände:
Wie war es, als ich mal so richtig kreativ war? Wie hat es sich angefühlt? Was habe ich gemacht? Was habe ich wahrgenommen?
(Minipause und Platzwechsel)

Wann habe ich alles so organisiert und geplant, dass die Umsetzung supereinfach war? Wie habe ich das geschafft? Wie habe ich mich gefühlt?
(Minipause und Platzwechsel)

In welcher Situation war ich besonders kritisch, genau und analysierend? Worauf habe ich geachtet? Wie habe ich mich gefühlt?
(Minipause und Platzwechsel)

Für den nächsten Schritt der Walt-Disney-Strategie stellen Sie sich bitte auf die Meta-Position.

Schauen Sie sich die Anordnung der drei Plätze an. Sind sie im Gleichgewicht? Was müssen Sie tun oder welchem Teil müssen Sie mehr Aufmerksamkeit geben, damit alle im Gleichgewicht sind? Geben Sie jedem Platz/Teil in Gedanken das, was er braucht, damit die drei Zustände im Gleichgewicht sind (das kann schnell gehen oder etwas Zeit in Anspruch nehmen).

Nach dieser Vorbereitung wird das Thema, zu dem Sie arbeiten möchten, konkret bestimmt und formuliert.

Gehen Sie auf den Traum-Platz und in den Träumer-Zustand hinein. Welche Fantasien und Visionen haben Sie in Bezug auf das Thema? Alles ist möglich! Schauen Sie sich alle Bilder vor Ihrem geistigen Auge an, hören Sie auf alle Stimmen und gehen Sie allen kreativen Gefühlen nach. Lassen Sie alles für einen Moment auf sich wirken.

Begeben Sie sich nun auf den Macher-Platz und vertiefen sich in Ihren Macher-Zustand. Was für Fähigkeiten haben Sie bereits, um Ihre Vision zu verwirklichen? Welche Menschen oder Dinge benötigen Sie noch, damit auch wirklich alles klappt? Was sind die nächsten Schritte in Ihrer Planung bzw. bei der Umsetzung?

Wechseln Sie bitte auf den Kritiker-Platz und schalten Ihren analytischen und reflektierenden Verstand ein. Was denken Sie von den Vorstellungen des Träumers und des Machers? Was haben die anderen beiden übersehen? Was muss ergänzt werden?

Sehen Sie sich abschließend von der Meta-Position aus an, was der Träumer, der Macher und der Kritiker entwickelt und gesagt haben. Seien Sie sich sicher, dass die Positionen nur ihre jeweilige Aufgabe erfüllt haben (träumen, realisieren, kritisieren).

Nun können Sie mit der zweiten Runde beginnen: Gehen Sie mit den neuen Sichtweisen, Erkenntnissen und der Kritik zurück auf den Träumer-Platz und erträumen Sie eine veränderte, noch bessere Lösung.

Weiter zum Macher-Platz: Entwickeln Sie die notwendigen Schritte für die Umsetzung der neuen Ideen und Visionen. Und endlich wieder zum Kritiker-Platz, um alles noch einmal kritisch zu durchdenken und zu durchleuchten.

Diesen Ablauf wiederholen Sie so lange, bis Sie für alle Beteiligten einen guten und realistischen Lösungsansatz gefunden haben.

Konfliktlösung durch gemeinsame Ideengenerierung Ursprünglich ist diese Kreativitätstechnik für eine einzelne Person entwickelt worden. In der Konfliktklärung sollte man sie allerdings am besten mit der entsprechenden Gegenseite durchführen. Dazu reicht es oft schon aus, wenn man auf den Tisch, an dem man sitzt, jeweils die entsprechende Metaplan-Karte (Träumer, Macher, Kritiker) aufstellt und sich so auf eine dieser Qualitäten konzentriert. Dann gilt es, wie beim Brainstorming, sich wirklich immer nur auf eine Perspektive zu konzentrieren und nicht schon in der Träumer-Phase kritische Aspekte zu beachten. Dies gelingt natürlich am besten, wenn ein neutraler Dritter (zum Beispiel ein Moderator) auf die Einhaltung der Spielregeln achtet. Führt man die Übung für sich alleine durch und kommt zu einer guten Idee, besteht die Gefahr, dass man sich allzu sehr in seine tolle Idee verliebt und daher nicht mehr offen genug ist für die kritischen Einwände eines Gegenübers. Und letztendlich kann der Prozess der gemeinsamen Ideengenerierung ebenso hilfreich für eine nachhaltige Konfliktklärung sein wie die Lösungsidee an sich.

Die Umkehrtechnik

Die Umkehrtechnik ist ebenfalls ein Klassiker, der sich besonders gut für die Suche nach Lösungsansätzen von Konflikten eignet. Ziel ist es, seinen Blick frei zu machen für neue Lösungsansätze und Spaß zu haben. Ausgangspunkt ist, wie der Name schon sagt, die Umkehrung der Fragestellung: Anstatt sich zu überlegen „Wie können wir in Zukunft als Nachbarn besser miteinander auskommen?", stellen sich die Beteiligten die Frage „Was müssten wir tun, damit sich unser Zusammenleben verschlechtert?" Die Beantwortung der Frage „Was müssten wir tun, damit sich unser Zusammenleben verschlechtert?" ist ganz nebenbei auch noch ein Ventil für den Frust über bisher erfolglose Lösungsversuche oder für die Angst, was alles noch Schlimmes passieren könnte. Das gemeinsame Benennen der Möglichkeiten, die Situation zu verschlimmern, ermöglicht eine Offenheit in Bezug auf Ängste, die oft so nicht möglich wäre. Neben dieser Ventilfunktion ergibt sich aus dieser Technik gleichzeitig eine Art Schwachstellenanalyse für das weitere Zusammenleben. Es werden all die Punkte aufgelistet, die eine Konfliktklärung in Zukunft gefährden könnten und von daher mit besonderer Aufmerksamkeit bedacht werden sollten.

Unser primärer Fokus hier ist ja aber nicht die Psychohygiene oder die Schwachstellenanalyse, sondern das Sammeln von neuen Lösungsansätzen. Dazu sind folgende Schritte notwendig:

Sammeln neuer Lösungsansätze

- Nennen der Ausgangsfrage
- Umkehrung der Ausgangsfrage
- Schriftliche und für alle sichtbare Sammlung möglicher Antworten
- Priorisieren der wichtigsten Antworten
- Umkehren der Antworten in konkrete Lösungsansätze mit Blick auf die Ausgangsfrage

Zur Verdeutlichung der Arbeitsweise dieser Technik soll sie hier an einem einfachen Beispiel dargestellt werden:

Beispiel: Vertrauen – Misstrauen

- „Wie können wir das gegenseitige Vertrauen wiederherstellen?"
- „Wie können wir das gegenseitige Misstrauen vergrößern?"
- Wege, Misstrauen zu vergrößern
  a Nichts Privates äußern
  b Hinter dem Rücken meines Gegenübers über ihn / sie mit Dritten sprechen
  c Probleme nicht ansprechen, sondern merken und bei passender Gelegenheit heimzahlen
  d Keine Rücksicht auf mein Gegenüber nehmen
  e Nicht über meine Empfindungen sprechen
  f …

- Höchstes Gewicht (Priorität) könnten zum Beispiel b, c und d erhalten
- Lösungsansätze zum Aufbau von Vertrauen:
  b Vereinbarung treffen, dass wir grundsätzlich nicht negativ über den anderen sprechen, wenn er/sie nicht anwesend ist.
  c Probleme und Zweifel auf jeden Fall noch am selben Tag und unter vier Augen ansprechen. Falls dies nicht gehen sollte, auf jeden Fall am selben Tag dem anderen eine Nachricht zukommen lassen, dass am nächsten Tag miteinander gesprochen werden sollte.
  e Freude und Enttäuschungen deutlich zeigen und gegebenenfalls auch mitteilen. Vor allem negative Emotionen werden kurz in einen Kontext gebracht, damit der andere einschätzen kann, was los ist.

Conclusio

In diesem Kapitel haben Sie viel über die Grundlagen einer sachgerechten Konfliktlösung gelernt. Dabei ist die grundlegende Philosophie der Ansätze wie Harvard-Konzept, Win-win-Lösungen, ressourcenorientierte Lösung oder Six-Step-Reframing mindestens genauso wichtig wie die einzelnen Schritte der Konfliktlösung. Die dargestellten Kreativitätstechniken dienen der Ergänzung in den verschiedenen Konfliktklärungsansätzen. Sie können beliebig durch Ihnen bekannte Methoden ergänzt werden.

Neben der gerade vorgestellten Methode der Konfliktklärung gibt es aber natürlich auch noch das klassische Klärungsgespräch, welches wohl die am häufigsten verwendete Methode in der Konfliktklärung ist. Was hilft, ein solches Gespräch erfolgreich zu führen, ist im nächsten Kapitel beschrieben.

6 Das Klärungs-gespräch

Ziel

In diesem Kapitel lernen Sie die Voraussetzungen und auch die Struktur eines gelungenen Klärungsgesprächs kennen.

Nutzen

Am Ende des Kapitels wissen Sie, welche Fähigkeiten hilfreich sind, um ein solches Gespräch zu führen und wie es aufgebaut sein kann.

Kernpunkte

▶ Vor dem Klärungsgespräch sollte der Boden atmosphärisch und organisatorisch bereitet werden.

▶ Aktives Zuhören und das metasprachliche Modell helfen Ihnen, Ihr Gegenüber zu verstehen.

▶ Das Klärungsgespräch besteht aus fünf Phasen, die mit dem Akronym ZIELE abgekürzt werden können.

6.1 Allgemeine Aspekte der Gesprächsführung

Wir haben uns nun bereits viele Gedanken zu uns selbst und zum sozialen Kontext unseres Gegenübers gemacht. Wir kennen auch die Grundlagen der sachgerechten Lösungsfindung und sogar kreative Methoden der Konfliktklärung. Vielleicht wäre es nun an der Zeit, miteinander zu reden. Doch sprechen Sie offen mit jemandem, dem Sie nicht vertrauen, den Sie nicht mögen oder mit dem Sie sich gerade gestritten haben? Wahrscheinlich eher nicht. Sie werden vermutlich ein wenig auf der Hut sein, damit Informationen, die Sie über sich preisgeben, nicht gegen Sie verwendet werden. Und diese Vorsicht ist auch angebracht, da Sie ja Ihrem Gegenüber nicht vertrauen.

Positive Signale setzen Dadurch zeichnen sich ja unter anderem Konflikte in der Regel aus, dass die Vertrauensbasis zu unserem Konfliktpartner zumindest belastet ist. Daher gilt es als Erstes, dem anderen zu signalisieren, dass ich guten Willens bin, eine Lösung für die Probleme zu finden, die sowohl seine wie auch meine Interessen berücksichtigt. Es gilt also, positive Signale zu senden, um eine vertrauensvollere Grundlage für die Diskussionen zu gestalten. Solche Signale sollten zwei Bedingungen erfüllen: 1. Die Signale sollten vom Gegenüber als positiv deutlich wahrgenommen werden können und 2. Die Signale und das damit verbundene Verhalten sollten uns selber nicht schaden. Eine zu große Offenheit könnte unser Gegenüber überfordern, das heißt, er könnte diese Offenheit nicht wirklich einschätzen. Die eigene Offenheit würde daher wenig nutzen und unter Umständen sogar schaden.

Positive Signale senden und Vertrauen aufbauen Wenn Sie nun überlegen, was das für Signale sein könnten, dann schauen Sie sich doch noch einmal Ihre Notizen zu den möglichen Konfliktsignalen an. Was waren die Konfliktsignale Ihres Gegenübers im Arbeitsverhalten, der Körpersprache, in den Äußerungen und im sonstigen Verhalten (siehe Abbildung 2: Konfliktsignale)? Versuchen Sie, diese Signale nun umzuwandeln. Wenn also ein kurzes, gebelltes „Morgen" ein mögliches Signal für einen Konflikt sein könnte, dann wäre die Umkehrung ein freundliches und in ruhigem Ton gesprochenes „Guten Morgen. Wie geht es Ihnen?" In dieser Art und Weise lassen sich viele Konfliktsignale in positive Signale des Vertrauensaufbaus umwandeln. Auch bei den körpersprachlichen Signalen können wir auf eine offene Körpersprache achten. Allerdings sollte man nicht die ganze Zeit versuchen, bewusst die eigene Körpersprache zu manipulieren, da dies erstens nur zum Teil möglich ist und zweitens oft nicht authentisch wirkt (wie uns tägliche Fernsehserien mit Laienschauspielern beweisen). Da unsere Körpersprache im Alltag unbewusster Ausdruck unseres emotionalen Zustandes ist, wäre es sinnvoller, bei einem positiven Gemütszustand anzusetzen, wie wir es im Kapitel 3.3 „Der kraftvolle Start" geübt haben. Es kann aber durchaus auch ein einfaches, tiefes Durchatmen oder ein leckerer Cappuccino helfen.

Nehmen Sie sich jetzt bitte die Zeit und verwandeln Sie die möglichen Konfliktsignale aus Ihrem Notizbuch in Ideen für eigene Verhaltensweisen, die sich als positive Signale nutzen lassen.

Arbeit mit dem Notizbuch

Natürlich gibt es noch weiteres Verhalten, was als positives Signal angesehen werden kann. Darunter könnten zum Beispiel sein:

▦ Kaffee vom Automaten mitbringen
▦ Freundlich grüßen und nach dem Befinden erkundigen
▦ Aktives Zuhören, wenn mein Gegenüber spricht
▦ Nachfragen, ob die gelieferten Informationen auch ausreichen oder ob Sie noch mehr liefern sollen
▦ Nach der Meinung des Gegenübers zu einem anderen Thema fragen und sich für seine Ansichten / Ideen bedanken

All diese Signale haben im Grunde nur ein Ziel: die Stärkung der Beziehungsebene. Ist dies erreicht, kann sich Vertrauen als Grundlage für ein Gespräch wieder aufbauen.

Die zweite Forderung an positive Signale zu diesem Zeitpunkt ist, dass Sie sich selbst nicht so weit öffnen, dass es in der Situation unangemessen erscheint. Überfordern Sie Ihr Gegenüber nicht. Schließlich sprechen Sie nicht mit Ihrem besten Freund zu Hause am Küchentisch, sondern mit einem Konfliktpartner, der zu einem wichtigen Thema eine andere Position vertritt als Sie selbst. Sprechen Sie also nicht gleich über Ihre innersten Wünsche in Bezug auf den Job, die Situation zu Hause oder Ihre Karriereabsichten. Dies könnte Ihr Gegenüber wohl nur schwer einordnen. An dieser Stelle möchte ich noch einmal an eine der hilfreichen Grundannahmen des NLP erinnern: „Der Sinn meiner Kommunikation ist die Reaktion meines Gegenübers" und nicht die reine Selbstoffenbarung.

6.2 Aktives Zuhören

Zuhören ist die wichtigste Fähigkeit in der Kommunikation. Daher sind Sie vielleicht schon das ein oder andere Mal mit dem Konzept des aktiven Zuhörens in Berührung gekommen. Falls Sie dennoch eine kurze Auffrischung für sinnvoll erachten, finden Sie die zentralen Aussagen zu dieser Art des Zuhörens hier:

Das aktive Zuhören ist so alt wie die menschliche Sprache – auch wenn es nicht immer im Alltag angewandt wird. Die große Bedeutung dieser besonderen Art des Zuhörens wird aber allein dadurch deutlich, dass es in Sprichwörtern und Zitaten durch die Jahrhunderte immer wieder auftaucht. Ein Zitat aus jüngerer Vergangenheit kommt von dem Managementberater Stephen Covey: „Erst verstehen, dann verstanden werden." Dies ist eines von sieben Erfolgsprinzipien, die Covey in seinem Buch *7 Wege zur Effektivität* darstellt. In unserer Epoche wurde das Prinzip des aktiven Zuhörens aber besonders populär durch die Ansätze der humanistischen Psychologie der 1970er-Jahre und dort besonders durch die klientenzentrierte Gesprächsführung nach Carl Rogers. Eines der Kernelemente und zentralen Wirkmechanismen dieser Therapieschule war und ist das aktive Zuhören. Zuhören alleine kann also so mächtig sein, dass es sogar bei schwerwiegenden psychischen Problemen hilft. Das heißt natürlich nicht, dass man sich die positiven Effekte des aktiven Zuhörens nicht auch im Alltag oder in konflikthaften Situationen zunutze machen könnte oder sollte. Was genau ist nun mit aktivem Zuhören gemeint?

„Erst verstehen, dann verstanden werden."

Nach Rogers sind vor allem drei Aspekte beim aktiven Zuhören entscheidend:

Aspekte des aktiven Zuhörens

- eine empathische und offene Grundhaltung,
- authentisches und kongruentes Auftreten und
- Akzeptanz und Beachtung der Person.

Dies hört sich jetzt nach sehr großen Anforderungen für den an, der aktiv zuhören will. Wenn man das Ganze etwas technischer beschreibt (wobei sich aktives Zuhören nie alleine auf eine Technik reduzieren lässt, sondern immer mit einer entsprechenden Grundhaltung einhergeht), dann sieht es bereits etwas einfacher anwendbar aus.

Konzentration auf die Person gegenüber Beim aktiven Zuhören wende ich mich meinem Gegenüber bewusst zu. Das bedeutet, dass ich mich von meiner Agenda im Kopf verabschiede und mich auf das konzentriere, was mein Gegenüber zu sagen hat. Dabei geht es nicht um das Bewerten des Gesagten, sondern um das neugierige Verstehen.

Nonverbale Signale Die Hinwendung zu meinem Gegenüber wird auch in meiner Körperhaltung ausgedrückt. Ich schaue mein Gegenüber an, nicke ihm zu (als körpersprachliches Signal, dass ich zuhöre) und gehe durch paraverbale Signale (mmmh …) auf mein Gegenüber ein und ermutige ihn zum Sprechen.

Paraphrasieren Neben dem Zuwenden kommt dann die eigentliche Technik des aktiven Zuhörens dazu, das Paraphrasieren. Paraphrasieren bedeutet das Zusammenfassen des Gehörten mit eigenen Worten. Nein, eben nicht das papageienhafte Wiederholen des Gesagten. Es geht beim Paraphrasieren darum, das wiederzugeben, was Sie verstanden haben. Dabei unterscheidet man verschiedene Stufen:

- Genaues Wiederholen des Gesagten = „Wenn ich Sie richtig verstanden habe, sagen Sie …"
- Wiedergabe der angedeuteten Inhalte = „Würde das bedeuten, dass Sie …"
- Wiedergabe der implizit zum Ausdruck gebrachten Gefühle = „Sie erhoffen sich also von dem Gespräch …"

Zeigen, ob man sich verstanden hat Ziel ist es dabei, die Sichtweise des Gegenübers so gut es eben geht zu verstehen und dies auch zu zeigen. Durch das Paraphrasieren kann auch mein Gegenüber einschätzen, wie gut ich ihn verstanden habe.

Das aktive Zuhören erzeugt in der Regel eine sehr positive Atmosphäre, weil mein Gegenüber sich sicher sein kann, dass ich Interesse an seiner „Landkarte" habe und ihn nun wahrscheinlich besser verstehe.

Positive Atmosphäre

Den Stellenwert des aktiven Zuhörens im Gespräch zwischen Konfliktpartnern verdeutlicht auch das abschließende Zitat von Paul Watzlawick:

„Circa 50 Prozent aller Konflikte könnten durch eine einfache Verfahrensregel gelöst werden: Noch bevor überhaupt Lösungen gesucht werden, muss jede Partei den Standpunkt der anderen Partei zu deren Zufriedenheit darlegen."

6.3 Das metasprachliche Modell

Neben dem aktiven Zuhören gibt es noch weitere wichtige Methoden und Modelle in der Kommunikation, die uns das Verstehen unseres Gegenübers erleichtern oder auch erst ermöglichen. So zum Beispiel das metasprachliche Modell von Bandler und Grinder (1981). Es ist eines der grundlegendsten Modelle zur Kommunikation, die es gibt, da es sich nicht nur mit dem gesprochenen Wort befasst, sondern schon mit den Repräsentationen der Welt in unserem Kopf. Sie sollten diesen Abschnitt nur intensiver lesen und sich mit dem dargestellten Modell beschäftigen, wenn Sie wirklich motiviert sind, Ihre kommunikativen Fähigkeiten als (Selbst-)Coach zu professionalisieren. Um die in den vorherigen Kapiteln vorgestellten Übungen und Ansätze zur Konfliktbewältigung durchzuführen, müssen Sie das metasprachliche Modell nicht kennen. Gleichzeitig möchte ich Ihnen dieses bedeutsame Modell der Kommunikation nicht vorenthalten.

Ökonomie der Kommunikation

Das metasprachliche Modell geht davon aus, dass es so etwas wie eine Tiefenstruktur und eine Oberflächenstruktur der Sprache gibt. In der Tiefenstruktur ist unsere Repräsentation der Welt so vollständig, komplex und bunt, dass uns praktisch die Worte fehlen, um dies rein sprachlich auszudrücken. Wahrscheinlich kennt jeder die Situation, dass man ein Erlebnis nicht wirklich in Worte fassen kann, da das Erlebte viel größer, schöner, beeindruckender, vielfältiger oder auch trauriger war als das, was man gerade versucht, seinen Freunden zu schildern. Was wir tatsächlich mit der Sprache ausdrücken können, ist eine verkürzte Information – die Oberflächenstruktur – darüber, was sich in unserem Kopf und Bauch wiederfindet. Diese Verkürzung hat im Alltag natürlich eine sinnvolle Funktion: Eine vollständige Beschreibung der Tiefenstruktur würde ungefähr so lange dauern wie das Erleben der Welt, welches in unserem Kopf gespeichert wurde. Daher ist es nur ökonomisch, die gesamten Informationen zu selektieren und zu komprimieren. Und genau dies machen wir automatisch durch drei Prozesse:

Tilgen: Wir lassen Information aus, die in der Tiefenstruktur verfügbar wären.

Verzerren: Wir vereinfachen Informationen und verändern damit zum Teil Fakten oder Zusammenhänge.

Generalisieren: Wir verallgemeinern Informationen aus der Tiefenstruktur, damit ein einfacheres, konsistentes Bild entstehen kann.

Das vollständige Bild vom Gegenüber bleibt unvollständig

Das bedeutet aber auch für unsere Kommunikation mit einer anderen Person, dass wir automatisch versuchen, Rückschlüsse aus der Oberflächeninformation unseres Gegenübers auf die detaillierte Tiefenstruktur zu ziehen, um ein möglich plastisches Bild davon zu bekommen, was uns erzählt wird. Und dies geht sehr oft daneben, da wir dies aufgrund unserer Landkarte von der Welt tun und nicht auf der Grundlage der Landkarte unseres Gegenübers. Wir versuchen also, von der Oberflächenstruktur in die Tiefenstruktur zu gelangen, um ein möglichst vollständiges Bild zu bekommen und erhalten stattdessen eine durch unsere Sicht der Welt veränderte Tiefenstruktur. Diese hat dann mehr mit unserer Landkarte von der Welt als mit der unseres Gegenübers zu tun.

Ziel ist es daher, unserem Gegenüber so zuzuhören und Fragen zu stellen, dass wir so weit wie möglich zu der Tiefenstruktur der Informationen unseres Gegenübers vordringen. Erst dadurch können wir wirklich einigermaßen sicher sein zu wissen, was unseren Konfliktpartner bewegt. Alles, was wir zu dieser Gesprächstechnik brauchen, haben Sie übrigens schon gelernt. Es ist Ihr natürliches Sprachempfinden. Wir alle haben nämlich in unserer Muttersprache ein ziemlich gutes Gefühl dafür, ob die Informationen in einem Satz vollständig oder lückenhaft sind. Oft fehlt uns nur die richtige Frage, um die fehlenden Informationen zu erhalten – und genau damit werden wir uns im Folgenden beschäftigen.

Verständnis heißt, das lückenhafte Bild wieder zu vervollständigen

Tilgungen

Tilgungen sind die Vereinfachungen durch das Weglassen von Informationen. Dies kann in vielfältiger Form geschehen. Wenn wir uns zum Beispiel den folgenden Satz ansehen, werden Sie vielleicht schon sagen können, welche Information hier fehlt:
„Das ist einfach."

Genau! Die entsprechende Frage lautet: „Was ist einfach?" Hier bleibt das Objekt unbestimmt. Und so gibt es eine ganze Reihe von Tilgungen, bei denen Bestandteile der Tiefenstruktur unbestimmt bleiben. Diese sind:

Beispiele: Tilgungen

1. Unbestimmte Verben – „Doris hat sich seit der Prüfung verändert."
2. Unbestimmte Subjekte – „Das ist doch kein Problem."

3. Unbestimmter Inhaltsbezug – „Yoga am frühen Morgen ist gut."

4. Unbestimmte Substantive – „Die Mitarbeiter brauchen mehr Informationen."

Welche Fragen könnte man stellen, um genauere Informationen zu bekommen? Schreiben Sie die Fragen vielleicht kurz auf, bevor Sie weiterlesen und Ihre Fragen mit meinen Vorschlägen vergleichen können:

Arbeit mit dem Notizbuch

_____

_____

_____

Mögliche Fragen:

Zu 1. Wie hat sich Doris verändert?

Zu 2. Was genau ist kein Problem?

Zu 3. Für wen ist Yoga gut am frühen Morgen?

Zu 4. Welche Mitarbeiter sind im Einzelnen gemeint? Worüber brauchen Sie mehr Informationen? Wie viel mehr an Informationen?

Nominalisierung Darüber hinaus gibt es noch eine Form der Tilgung, die sich immer mehr in der heutigen Sprache durchsetzt und die man als Nominalisierung bezeichnet – „Ich möchte Anerkennung für meine Arbeit."

Beispiele: Bei der Nominalisierung werden Verben durch Substantive
Nominalisierungen ersetzt. So wird der Prozess, der hinter einem Substantiv wie

„Anerkennung" steht, eine Worthülse, hinter der sich alles Mögliche verbergen kann: Rückmeldung über die geleistete Arbeit, Geld, Dienstwagen, öffentliche Auszeichnungen etc. Versuchen Sie bitte einmal, eine passende Frage zu folgenden Nominalisierungen zu finden:

1. „Ich möchte Anerkennung für meine Arbeit."
2. „Deine Kommunikation ist unsachlich."
3. „Ich beglückwünsche Sie zu diesem Erfolg."

Arbeit mit dem Notizbuch

_____

_____

_____

Mögliche Fragen:
Zu 1. Von wem möchtest du wie für deine Arbeit anerkannt werden? Wie möchtest du anerkannt werden?
Zu 2. Was genau hörst du?
Zu 3. Wozu genau beglückwünschen Sie mich?

Sehr häufige Tilgungen sind auch: **Vergleiche**
Vergleiche – „Das ist das beste Seminar." **und Bewertungen**
Bewertungen – „Herr Müller ist ein toller Manager."

Fragen für Vergleiche versuchen, den Maßstab für den Vergleich genauer zu erfassen: „Das beste Seminar für was?" oder „Das beste Seminar im Vergleich wozu?" Ähnliches gilt auch für Bewertungen: „Ein toller Manager an welchen Kriterien gemessen?" oder „Wer sagt, dass Herr Müller ein toller Manager ist?"

Verlorener Performativ

Abschließend gibt es noch den verlorenen Performativ. Zu erläutern, was ein Performativ ist (Äußerungen, die eine Handlung darstellen und an einen Körper gebunden sind), ist weitaus schwerer und für unsere Zwecke weniger interessant als darzustellen, wie ein verlorener Performativ aussieht bzw. sich anhört und wie man die fehlende Information erfragt:
„Es ist wichtig, dass Jürgen dieses Projekt übernimmt." – Für wen ist es wichtig?
„Es ist nicht gut, diese Entscheidung heute zu treffen." – Für wen ist es nicht gut?

Tilgungen enthalten fehlende Informationen

Was all diesen verschiedenen Formen von Tilgungen gemeinsam ist, sind die fehlenden Informationen, die erst noch erfragt werden müssen, wenn wir ein vollständiges Bild von der Aussage bekommen möchten. Dabei sollen die Beispiele Sie dazu anregen, auf Ihr Sprachgefühl zu vertrauen und es weiter zu schulen. Keinesfalls sollten Sie die acht unterschiedlichen Formen der Tilgung auswendig lernen und dann in Ihrer Umgebung auf Tilgungsfandung gehen. Vielmehr ist es eine gute Schule, sich selbst ein wenig zuzuhören und herauszufinden, an welchen Stellen Sie Informationen tilgen, und ob es sich lohnt, Ihren Gesprächspartnern auch diese Informationen noch zu geben. Wenn wir zum Beispiel in einem Konflikt dem Gegenüber an den Kopf werfen: „Ich will mehr Anerkennung für meine Arbeit!" Dann wird er so lange im Dunkeln tappen, bis wir klar gesagt haben, wie es denn aussehen soll, mehr Anerkennung zu erhalten. Heißt das spontanes Feedback zur gezeigten Leistung? Mehr Zeit für die gemeinsame Besprechung des Arbeitsfortschritts? Mehr Geld? …

Wenn Sie das Erfragen von Tilgungen in Konfliktgesprächen anwenden, wird das Erfragen der fehlenden Informationen Ihnen ein vollständigeres Bild von der Landkarte Ihres Gegenübers liefern und gleichzeitig wird Ihr Gegenüber Ihr Interesse an seiner Landkarte positiv bemerken.

Verzerrungen

Verzerrungen helfen uns, Informationen zu vereinfachen, indem wir Vorannahmen und allgemeine Annahmen von Ursachen und Wirkungen als Filter einsetzen. Dies kann so weit gehen, dass wir uns auch schon mal zum „Gedankenlesen" verführen lassen.

1. Gedankenlesen – „Er ist total verängstigt." oder „Sie will sich nicht mit mir einigen."

Beispiele: Verzerrungen

2. Komplexe Äquivalenzen (A = B) – „Wenn du mich nicht anrufst, bist du wütend auf mich." oder „Wenn du mir in dieser Entscheidung nicht zustimmst, dann willst du mir schaden."
3. Vorannahmen – „Du bist so borniert, wie alle in eurem Dorf." oder „Wie hat sich das Arbeiten unter dem neuen Chef verändert?"
4. Ursache-Wirkung-Verzerrung (A → B) – „Du machst mich wütend." oder „Das Projekt raubt mir den letzten Nerv."

Nehmen Sie sich nun wieder einen Moment Zeit und schreiben Sie die Fragen, die man stellen könnte, um genauere Informationen zu bekommen, in Ihr Notizbuch. Meine Vorschläge finden Sie dann wieder weiter unten.

Arbeit mit dem Notizbuch

Mögliche Fragen:

Zu 1. Woher weißt du, dass er total verängstigt ist? / Woher weißt du, was sie will?

Zu 2. Wieso bedeutet für dich, wenn ich nicht anrufe, dass ich wütend auf dich bin? / Wie kommst du darauf, dass ich dir schaden will, wenn ich dir nicht zustimme?

Zu 3. Wie kommst du zu der Annahme, dass in unserem Dorf alle Leute borniert sind? / Was bringt dich zu der Annahme, dass sich das Arbeiten unter meinem neuen Chef verändert hat?

Zu 4. Was genau mache ich? / Wie raubt dir das Projekt den letzten Nerv?

Verzerrten Aussagen auf den Grund gehen Durch die Beantwortung dieser Fragen kann auch ein Gespräch darüber entstehen, was eigentlich hinter den Aussagen steckt. So hat zum Beispiel ein Projekt keinen eigenen Willen oder kein eigenes Bewusstsein, was es in die Lage versetzen könnte, jemandem den letzten Nerv zu rauben. Man würde daher wahrscheinlich über bestimmte Personen sprechen, die sich in einer Art benehmen, die einen total nervt. Nur, wie stellen diese Personen das an? Schaffen sie das bei allen Beteiligten? Was passiert genau bei mir, wenn sie sich so verhalten usw.? Sie sehen, dass die Verkürzungen auf der Oberflächenstruktur längst nicht alle relevanten Informationen enthalten. Dies mag im Alltag oft nicht weiter auffallen oder hinderlich sein, da jeder die Informationen in seine Landkarte einbaut und daher genau „weiß", wie das alles zusammenhängt. Doch in Konfliktsituationen lohnt es sich, genauer nachzufragen und zu versuchen, den Aussagen auf den Grund zu gehen, damit auf der Grundlage eines gemeinsamen Verständnisses der Situation realistische und gemeinsam getragene Veränderungen angestoßen werden können.

Doch bevor wir uns damit beschäftigen, schauen wir uns noch unseren dritten großen Wahrnehmungsfilter an:

Verallgemeinerungen

Verallgemeinerungen sind eine wesentliche Voraussetzung für unsere Fähigkeit zu lernen. Wir machen eine bestimmte Erfahrung und übertragen diese auf andere Situationen. Dadurch müssen wir zum Beispiel nicht immer wieder auf eine heiße Herdplatte fassen. Allerdings verwehren wir uns durch unsere Verallgemeinerungen auch so manche neue Erfahrung. Wenn wir zum Beispiel einmal in den Niederlanden an der Küste Urlaub gemacht haben und es nur geregnet hat, wäre die Verallgemeinerung: „An der niederländischen Küste regnet es nur, was ganz grauenhaft ist." Dies könnte ein selbst erzeugtes Hindernis werden, einen nächsten schönen Urlaub an der niederländischen Küste zu verbringen. Schauen wir uns ein paar Verallgemeinerungen genauer an:

1. Modaloperatoren der Möglichkeit – „Ich kann den Job nicht wechseln." oder „Es ist mir unmöglich, hier vernünftig zu arbeiten." **Beispiele: Verallgemeinerungen**
2. Modaloperatoren der Notwendigkeit – „Du musst diesen Konflikt lösen." oder „Mit Psychologen sollte man sich nicht abgeben."
3. Universalquantoren – „Niemand will mit mir zusammenarbeiten." oder „Immer streitest du mit mir." oder „Alle Verkäufer sind redselig."

Mit welchen Fragen können Sie mehr Informationen erhalten?

··

Arbeit mit dem Notizbuch

_____

_____

_____

··

Mögliche Fragen:

Zu 1. Was würde passieren, wenn du den Job wechseln würdest? / Wieso ist es dir unmöglich, hier vernünftig zu arbeiten? Was bedeutet vernünftig?

Zu 2. Was würde passieren, wenn du den Konflikt nicht löst? Wieso musst du den Konflikt lösen? / Wieso sollte man sich mit Psychologen nicht abgeben? Was würde passieren, wenn man sich mit Psychologen abgibt? Wer sollte sich mit Psychologen nicht abgeben?

Zu 3. Wer genau möchte mit dir nicht zusammenarbeiten? Niemand auf der ganzen Welt? / Wie oft ist für dich immer? Wann haben wir mal nicht gestritten? / Welche Verkäufer hast du im Sinn? Alle Verkäufer in der Welt?

Verallgemeinerungen durch Nachfragen konkretisieren

Verallgemeinerungen kommen uns schnell über die Lippen und haben natürlich auch ihren Sinn. In Konfliktsituationen können sie allerdings dazu beitragen, dass der Tunnelblick, die Fokussierung auf das Negative, weiter verstärkt wird. Daher ist es in solchen Situationen besonders wichtig, dass wir Verallgemeinerungen nachfragen und versuchen zu verstehen, was genau sich hinter solchen Aussagen verbirgt.

Conclusio

Das metasprachliche Modell ist eines der grundlegendsten Modelle der Kommunikation. Es hilft uns auf der einen Seite, unser Gegenüber besser zu verstehen und seine eigentlichen Interessen zu erkennen. Auf der anderen Seite hilft es unserem Gegenüber, seinen Blick wieder zu verbreitern. Der Tunnelblick in Konfliktsituationen kann dadurch erweitert werden, sodass eine mögliche Lösung auf einem realistischeren Bild der Situation basieren kann.

Im abschließenden Abschnitt dieses Teils geht es um eine hilfreiche Gesprächsstruktur für ein Konfliktgespräch.

6.4 Das Klärungsgespräch

Wir gehen für den vorliegenden Konflikt davon aus, dass Sie als Konfliktpartei mit Ihrem Gegenüber selbst den Konflikt klären und lösen wollen. Natürlich kann es durchaus sinnvoll sein, eine neutrale dritte Person als Moderator oder sogar einen professionellen Mediator zu nutzen, doch dies wäre im Moment unsere Rückfallposition, wenn die eigenständige und gemeinsame Konfliktklärung nicht den erhofften Erfolg gebracht hat.

Voraussetzung für ein erfolgreiches Klärungsgespräch ist, dass die Schritte in Bezug auf das Erkennen unserer eigenen Interessen und Anteile (persönliche Ebene) und die Beschäftigung mit unserem Konfliktpartner und dessen sozialem Umfeld (soziale Ebene) sowie vertrauensbildende Maßnahmen ihm gegenüber stattgefunden haben. Wir starten mit unserem Klärungsgespräch also nicht bei null, sondern auf einer höheren Erkenntnisstufe über den Konflikt. Zur Sicherheit schreiben Sie Ihre wesentlichen Erkenntnisse zu folgenden Stichworten in Ihr Notizbuch:

Die Einladung

- Meine Position
- Meine Interessen
- Position meines Gegenübers
- Vermutete Interessen meines Gegenübers (soziale Dimension beachten)
- Bisherige vertrauensbildende Maßnahmen (positive Signale)
- Noch folgende vertrauensbildende Maßnahmen (positive Signale)

Arbeit mit dem Notizbuch

Nach unserer Vorbereitung zur Konfliktlösung können wir nun unseren Gesprächspartner zu einem klärenden Gespräch einladen. Ziel der Einladung ist, dass unser Gegenüber mit einer möglichst positiven Grundstimmung zu unserem gemeinsamen Gespräch kommt. Daher gilt es, schon bei der Einladung folgende Punkte zu beachten:

Laden Sie rechtzeitig ein, damit sich Ihr Gegenüber nicht überfallen vorkommt

Was rechtzeitig heißt, hängt vom Konflikt und der Situation ab. Mal reicht eine Stunde vorher – allerdings werden Sie sich für solche Art Konflikte wohl kaum ein Buch zum Selbstcoaching gekauft haben – und mal sollte es schon ein oder zwei Wochen vorher sein. Dies hängt von den Terminkalendern und der benötigten Vorbereitungszeit für alle Beteiligten ab. Denken Sie einfach daran, wie intensiv Sie sich für ein Treffen zum vorliegenden Konflikt vorbereiten.

Sorgen Sie für ausreichend Raum und Zeit

Schlagen Sie einen Ort vor, der von beiden Konfliktparteien als neutral angesehen wird und der genügend Platz für eine positive Sitzposition bietet (das berühmte Über-Eck-Sitzen anstatt konfrontativ gegenüber sitzen), aber auch Bewegung zulässt. Natürlich sollte man in diesem Raum ungestört sein können. Außerdem sind Räume mit Blick nach außen immer positiver als die Besprechungsräume im Inneren des Gebäudes, die ohne Fenster sind. Achten Sie auch darauf, dass genügend Getränke und „Nervennahrung" im Raum bereitstehen. Ideal wären auch ein Schreibblock, ein Flipchart oder Ähnliches, damit man den ein oder anderen Aspekt für alle gut sichtbar visualisieren kann.

Die Zeit sollte so bemessen sein, dass man nicht hetzen muss und dass Sie sich und Ihr Gegenüber nicht in Terminschwierigkeiten bringen. Denken Sie daran, dass dies nicht das einzige Treffen zur Lösung sein muss, sondern ein positiver Start in die Konfliktlösung sein soll. Nach 90 Minuten geht übrigens bei praktisch jedem die Konzentration durch ein Tief. Das Treffen sollte daher nicht viel länger dauern oder es sollten entsprechende Pausen eingerechnet werden.

Ein Konfliktklärungsgespräch macht nur dann Sinn, wenn alle Parteien in dem Bewusstsein darüber zusammenkommen, was in dem Gespräch passieren soll. Daher sollte in der Einladung gleich das Thema benannt werden. Dabei geht es nicht um ein klar operationalisiertes Ziel, sondern eher um ein allgemeines Ziel, auf das sich ohne Probleme alle verständigen können. Außerdem ist es hilfreich, wenn Sie eine grobe Agenda des beabsichtigten Gesprächs als Vorschlag mit in die Einladung aufnehmen.

Benennen Sie klar das Ziel des Treffens

Soweit zur Einladung. Nun sollte auch das Gespräch so aufgebaut sein, dass man langsam und schrittweise zu einer Lösung finden kann.

Abb. 7: Phasen im Klärungsgespräch nach der ZIELE-Formel

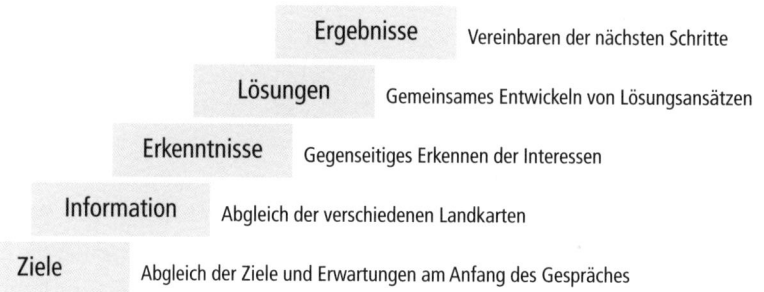

Ergebnisse — Vereinbaren der nächsten Schritte

Lösungen — Gemeinsames Entwickeln von Lösungsansätzen

Erkenntnisse — Gegenseitiges Erkennen der Interessen

Information — Abgleich der verschiedenen Landkarten

Ziele — Abgleich der Ziele und Erwartungen am Anfang des Gespräches

Gesprächsstruktur in fünf Schritten: ZIELE erreichen

Beginn des Gespräches Zu Beginn des Gespräches gilt es, deutlich zu machen, dass man sein Gegenüber respektiert. Das bedeutet zum Beispiel, dass man sein Gegenüber stehend mit Handschlag begrüßt. Stellen Sie sich einfach vor, Sie würden eine wichtige Persönlichkeit begrüßen. Wie sieht das aus? Wahrscheinlich begrüßen Sie sie schon an der Tür, fragen, wie es ihr geht und ob sie den Weg gut gefunden hat, drücken Ihre Freude über ihr Kommen aus und begleiten sie von der Tür zum Besprechungstisch, wo schon Kaffee und Wasser auf sie warten. Ein extremes Gegenbeispiel wäre ein Chef, der einen Mitarbeiter hereinruft, ihn nicht anspricht, sondern stehen lässt, während er selbst noch eine Notiz zu Ende schreibt und dann – natürlich ohne Blickkontakt – endlich sagt, dass er sich setzen möchte und noch einen Moment warten soll. Sie sehen, wir haben einige Möglichkeiten, am Anfang eines Gespräches unserem Gegenüber unsere Wertschätzung und unseren Respekt auszudrücken. Und seien Sie sich gewiss, dass Ihr Gegenüber im Konfliktfall sehr feine Antennen für solche Signale hat und sie entsprechend interpretieren wird. Also sollte, kurz gesagt, am Anfang des Gespräches eine positive Atmosphäre geschaffen werden.

Abgleich der Ziele Der Hauptteil des Gespräches beginnt dann mit einer Versicherung, dass alle Beteiligten von gleichen Randbedingungen ausgehen, und einem Abgleich der Ziele. Vielleicht klingt es etwas übertrieben, hier noch einmal das Ziel des Gespräches abzugleichen, schließlich wurde das Thema ja schon in der Einladung genannt, doch ist es einer der häufigsten Fehler in Gesprächen, dass das Ziel des Gespräches nicht allen Beteiligten klar ist bzw. unterschiedliche Ziele verfolgt werden. Daher macht es viel Sinn, am Anfang des Gespräches noch einmal kurz zu sagen, mit welchem Ziel man sich heute getroffen hat. Und dies sollten alle Teilnehmer machen. Außerdem sollten hier Spielregeln vereinbart werden, die den Beteiligten in Bezug auf die aktuelle Situation hilfreich erscheinen. Diese Regeln könnten die Vertraulichkeit oder auch die Kommunikation betreffen.

Um den Punkt des Zielabgleichs zu verdeutlichen, stellen Sie sich bitte folgende Situation vor: Ein Vorgesetzter hat seinen Mitarbeiter zum Zielgespräch geladen. Er möchte mit ihm über seine Leistung, sein Verhalten im Team, seine Perspektiven und mögliche Weiterbildungsmaßnahmen sprechen. Der Mitarbeiter möchte dies auch. Gleichzeitig brennt ihm eine schwierige Situation im aktuellen Projekt unter den Nägeln, und er ist nun froh, seinen Chef nach Wochen endlich einmal für mehr als fünf Minuten zu sehen. Was glauben Sie, wie entspannt der Mitarbeiter über seine weitere Entwicklung sprechen kann, solange ihm sein Problem aus dem Projekt im Hinterkopf umherschwirrt? Aus diesem Grund ist es wichtig, am Anfang des Gespräches klar zu haben, ob alle die gleichen Ziele mit der Besprechung verbinden oder ob noch weitere Ziele aufgetaucht sind. Sollte dies der Fall sein, heißt das natürlich nicht automatisch, dass diese Ziele dann auch sofort besprochen werden müssen oder können. Aber man hat die Gelegenheit, eine bewusste Entscheidung über eine Veränderung der Agenda oder den weiteren Umgang mit den neu aufgetauchten Themen oder Zielen zu treffen. So liegen die Dinge auf dem Tisch und müssen sich nicht ihren Weg aus den Hinterköpfen durch nervöses Fingerspiel oder ungeduldiges Verhalten in den Vordergrund kämpfen.

Beispiel: Abgleich der Ziele

Sind die Ziele für das Gespräch klar, geht es darum, die Landkarte des anderen kennenzulernen und die eigene Landkarte darzulegen. Mit anderen Worten, es geht darum, die Istsituation aus der Sicht Ihres Gegenübers und aus Ihrer eigenen Sicht zu beschreiben. Die immer wieder auftauchende Frage in Klärungsgesprächen „Wer soll damit anfangen?" kann man einfach dadurch lösen, dass man fragt, ob der andere die Situation einmal aus seiner Sicht schildern möchte oder ob man zuerst selber einmal seine Sicht der Dinge darstellen soll. Bei der Erkundung der Landkarte ist es wichtig und hilfreich, im Sinne des aktiven Zuhörens zuzuhören und gegebenenfalls Verständnisfragen zu stellen. Kommentare, Bewertungen oder „Korrek-

Abgleich der verschiedenen Landkarten

turen" haben in diesem ersten Abgleich der Landkarten noch nichts zu suchen.

Gegenseitiges Erkennen der Interessen

Ist die Istsituation durch alle Anwesenden einmal dargestellt, versucht man in der Regel zu einer gemeinsamen Beschreibung der Fakten zu kommen, damit man von einer identischen Landkarte ausgehen kann. Dies ist in Konfliktsituationen naturgemäß nicht immer einfach. Daher sollte der Fokus in einem ersten Gespräch darauf liegen, die Sicht des anderen zu verstehen und die *Interessen* hinter seinen Positionen zu erkunden. Es wird die Grundlage für mögliche Win-win-Lösungen gelegt, die wir bereits im letzten Kapitel besprochen haben. Jetzt haben Sie die Möglichkeit, etwas über die Interessen und Anliegen hinter den Positionen zu erfahren. Gleichzeitig besteht die Gelegenheit, auch über die eigenen Interessen und Anliegen hinter den eigenen Positionen zu sprechen.

Gemeinsames Entwickeln von Lösungsansätzen

Sind die Landkarten klar und die Interessen hinter den Positionen deutlich, kann man anfangen, sich über mögliche *Lösungsansätze* Gedanken zu machen. Dabei sind die Grundlagen sachgerechter Lösungen aus dem letzten Kapitel genauso zu beachten wie der bereits besprochene soziale Kontext. Schauen Sie sich auch noch einmal die Methoden der ressourcenorientierten Konfliktklärung, des Six-Step-Reframings oder die Kreativitätstechniken an; hier können sie am besten eingesetzt werden. Auf jeden Fall sollten Sie sich gemeinsam mit Ihrem Gegenüber über mögliche Probleme bei der Umsetzung der Lösungsansätze Gedanken machen und gemeinsame Gegenstrategien entwickeln. Das können einfache Spielregeln sein, wie zum Beispiel bei Missstimmungen erst miteinander zu telefonieren, bevor man mit einer dritten Partei (zum Beispiel einem weiteren Nachbarn) darüber spricht.

Vereinbarung der nächsten Schritte

Abschließend sollten natürlich *Vereinbarungen* getroffen und möglichst schriftlich festgehalten werden. Schriftliche Vereinbarungen haben den Vorteil, dass man möglichen Missverständnissen noch einmal auf die Schliche kommt, wenn man sich nämlich nicht über gemeinsame Formulierungen einigen kann. Außerdem erleichtert eine entsprechende Übereinkunft das nächste Treffen zu diesem Thema, da man auf den schriftlichen Vereinbarungen aufbauen kann.

Bevor Sie der Vereinbarung zustimmen, sollten Sie noch einmal in sich gehen und prüfen, ob Sie mit der Vereinbarung auch wirklich gut leben können. Es kann durchaus Sinn machen, dass man ein Klärungsgespräch auf zwei oder mehrere Treffen aufteilt, damit Sie in der Zeit zwischen den Treffen das Besprochene auf sich wirken lassen können. Dazu eignen sich die Übungen aus dem Kapitel 3 „Die persönliche Ebene".

Abgeschlossen werden sollte das Klärungsgespräch mit ebenso viel oder noch mehr Wertschätzung und Respekt wie Sie es begonnen haben, sodass alle mit einem guten Gefühl nach Hause gehen können. Wenn es der Situation angemessen ist, kann man sich auch 24 Stunden nach dem Gespräch noch mit einer kurzen E-Mail oder einem Anruf für das konstruktive Gespräch bedanken. Dies drückt ebenfalls noch einmal Wertschätzung aus und stärkt damit die Beziehungsebene. **Abschluss des Gespräches**

Conclusio
Nun haben Sie alles Wichtige zur Vorbereitung und Struktur eines klassischen Klärungsgespräches erfahren. Wichtig sind dabei vor allem die Vorbereitung sowie eine transparente Struktur, die Ihrem Gegenüber vor dem Gespräch genauso bekannt sein sollte wie Ihnen selbst.

Trotz aller Vorbereitung, Einstellen auf unser Gegenüber, kreativer Konfliktklärungsmethoden und bestem Willen gibt es Konflikte, die Sie nicht alleine mit Ihrem Gegenüber klären können. Für diesen Fall gibt es Spezialisten, Mediatoren genannt. Wie diese arbeiten, erfahren Sie im nächsten Kapitel.

7 Wenn nichts mehr geht – Die Mediation

Ziel

Mit diesem Kapitel erhalten Sie einen Überblick über das Thema Mediation aus der Kundenperspektive. Falls Sie mit den Techniken des Selbstcoachings, die wir bisher erarbeitet haben, den Konflikt klären konnten bzw. auf dem besten Wege dorthin sind, brauchen Sie dieses Kapitel gar nicht zu lesen. Falls Sie sich aber nach einer weiteren Alternative zur Konfliktklärung umsehen möchten, sind Sie hier genau richtig.

Nutzen

Sie werden einschätzen können, was die Mediation in Ihrem Fall leisten kann, und ob Sie vielleicht schon an einem Punkt im Konfliktgeschehen stehen, an dem ein Mediator eingeschaltet werden sollte.

Kernpunkte

▶ Mediation ist an bestimmte Voraussetzungen geknüpft.

▶ Mediatoren sind neutral und überparteilich.

▶ Die Phasen der Mediation ähneln den Phasen eines Klärungsgespräches (siehe Kapitel 6.4 „Das Klärungsgespräch").

7.1 Prinzipien der Mediation

Mediation ist ein uraltes Verfahren zur außergerichtlichen Konfliktlösung, welches in der einen oder anderen Form in praktisch jeder Kultur zu finden war und ist. Bei der Mediation sind die Konfliktparteien die ganze Zeit über Herr des Verfahrens und versuchen, mit Unterstützung eines Vermittlers, genannt Mediator, eine gemeinsame und eigenverantwortliche Lösung der Probleme zu finden. Damit unterscheidet sich die Mediation von vielen anderen Verfahren der außergerichtlichen Konfliktklärung, bei dem neutrale Dritte zum Beispiel durch einen Schiedsspruch eine Lösung vorgeben oder vorschlagen.

Kurze Historie der Mediation

Somit wäre der berühmte und weise König Salomon also eher ein Schiedsrichter, der versucht, beiden Parteien gerecht zu werden, als ein Mediator. Einer der ersten in Europa dokumentierten Mediatoren ist der Athener Staatsmann Solon (594 v. Chr.), der in seiner Rolle als Versöhner und Vermittler gewählt wurde (Zeittafel der Mediation nach Hertel et al.). Aber auch berühmte Friedensverträge wurden schon durch die Mediation vermittelt. Immer wieder gerne wird der Westfälische Friede von Münster und Osnabrück zitiert, der die Beendigung des Dreißigjährigen Krieges (1618 bis 1648) besiegelte. Dieser wurde durch über fünf Jahre dauernde Verhandlungen und die Vermittlung des venezianischen Adligen Alvise Contarini erreicht. Voraussetzung für die Arbeit von Alvise Contarini war, dass er von beiden Seiten akzeptiert wurde und nicht die Interessen der einen Partei über die der anderen stellte. Und damit kämen wir auch schon zu den Voraussetzungen für eine Mediation, die im Folgenden dargestellt werden.

Voraussetzungen für eine Mediation: Freiwilligkeit

Zuerst einmal sollten die Konfliktparteien sich freiwillig auf den Prozess der Vermittlung einlassen. Nur wenn alle Parteien bereit sind mitzuarbeiten, kann die Mediation auch von Erfolg gekrönt sein. Dabei ist es in der Praxis oft so, dass eine Partei die Mediation als Verfahren vorschlägt und die andere Partei mehr oder weniger zustimmt. Oder es kommt sogar vor, dass der Vorgesetzte zweier Streithähne seinen Mitarbeitern eine Mediation verordnet. Das hört sich erst einmal nicht unbedingt nach Freiwilligkeit an. Dennoch kann man mit dem Verfahren beginnen. Allerdings kann natürlich niemand zur aktiven Teilnahme am Verfahren gezwungen werden. Und sollte sich die „Freiwilligkeit", das heißt der eigene Wunsch, an dem Verfahren aktiv teilzunehmen, nicht während der Anfangsphase der Mediation einstellen, so wird die Mediation erfolglos bleiben und kann bereits an dieser Stelle abgebrochen werden. So kann eine Mediation zwar unter dem Vorzeichen einer bedingten Freiwilligkeit beginnen, doch erfolgreich durchgeführt und beendet werden kann sie nur auf der Grundlage einer echten Freiwilligkeit.

Voraussetzungen für eine Mediation: Eigenverantwortlichkeit

Alle Konfliktparteien müssen in der Lage sein, für sich selbst zu sprechen und voll verantwortlich Entscheidungen zu treffen. Da ausschließlich die Konfliktparteien eine gemeinsame Lösung entwickeln und entsprechende Vereinbarungen treffen, müssen diese auch in der Lage sein, die Beschlüsse eigenverantwortlich festzulegen und die Konsequenzen zu vertreten. Auch hier ist die Praxis manchmal etwas komplizierter als die Theorie: Wenn beispielsweise eine große Gruppe von Menschen (zum Beispiel eine Bürgerinitiative) mit einer Institution (zum Beispiel der Deutschen Bahn) im Streit liegt, müssen Vertreter ernannt werden, die stellvertretend für alle Beteiligten entscheiden. Hier muss vorher ein Verfahren bestimmt werden, nach dem die Vertreter im Mediationsprozess Entscheidungen treffen und Vereinbarungen schließen können.

Es gibt aber noch einen weiteren wichtigen Punkt mit Blick auf die Eigenverantwortlichkeit und der steht unmittelbar mit dem nächsten Prinzip im Zusammenhang.

Wenn ich eigenverantwortlich eine Entscheidung treffen soll, dann brauche ich auch alle entscheidungsrelevanten Informationen. Das heißt, dass es so etwas wie einen Informationsgleichstand zwischen mir und der anderen Seite geben muss. Dies setzt eine Offenheit zum Informationsabgleich und -austausch voraus. So kann ich zum Beispiel nicht in einer Mediation über den Umfang einer Abfindung im Rahmen eines Aufhebungsvertrages diskutieren, wenn ich nicht die rechtlichen Ansprüche für diesen Fall kenne. Daher kann es sein, dass die Konfliktparteien außerhalb der Mediation weitere Berater brauchen (Rechtsanwälte, Steuerberater, Gutachter etc.), um zu einer eigenverantwortlichen Entscheidung zu kommen. Denn Unwissenheit über die eigenen Rechte schließt eine Mediation aus.

Voraussetzungen für eine Mediation: Informiertheit

Es ist schnell gesagt, dass „alles, was wir hier besprechen, zwischen uns bleibt und diesen Raum nicht verlässt". Ist das aber wirklich so einfach? Das Beispiel der Mediation zwischen einer Bürgerinitiative und der Deutschen Bahn mag da schon Zweifel aufkommen lassen. Aber auch die Notwendigkeit, sich mit weiteren Experten (Anwälten etc.) zu besprechen, scheint eine hundertprozentige Vertraulichkeit auszuschließen. Und wie sieht es mit dem Diskutieren des Falls mit der besten Freundin oder dem Ehepartner aus?

Voraussetzungen für eine Mediation: Vertraulichkeit

Dennoch ist es wesentlich, dass alle Beteiligten sich darauf verlassen können, dass Informationen aus dem Mediationsverfahren nicht gegen sie selbst verwendet werden und nicht an Personen gelangen, die keine Kenntnis von der Mediation oder deren Inhalten bekommen sollen. Daher ist es wesentlich, dass der Grad der Vertraulichkeit explizit geregelt wird. Was darf nach außen dringen und was nicht? Mit wem darf darüber diskutiert werden und mit wem nicht? Wie soll mit den besprochenen Informationen im Fall einer gerichtlichen Auseinandersetzung umgegangen werden? All diese Fragen sollten mithilfe des Mediators am Anfang der Mediation geklärt werden.

Das ist ein Prinzip, das den Mediator in seiner Rolle betrifft. Wir gehen die ganze Zeit davon aus, dass der Mediator in seiner Funktion als neutraler Vermittler auftritt. Doch was bedeutet das genau? Der Mediator darf weder eine Seite begünstigen noch benachteiligen (zum Beispiel einer Partei mehr Redezeit einräumen). Der Mediator muss, trotz Sympathie und Antipathie, den beteiligten Personen neutral gegenüber sein und bleiben (Personenneutralität). Das schließt dann zum Beispiel auch aus, dass der Mediator mit einer der Parteien bekannt ist oder mit dieser Person schon in einem anderen Kontext gearbeitet hat. Dadurch kann er nicht mehr vollkommen neutral sein. Natürlich sind Mediatoren auch nur Menschen und können diese Neutralität nicht immer durch das ganze Mediationsverfahren aufrechterhalten. Dann ist es die Pflicht des Mediators, deutlich zu machen, dass er sich in seiner Neutralität beeinträchtigt sieht. Letztendlich entscheiden die Konfliktparteien, ob sie den Mediator als neutral empfinden oder nicht. Sobald sich auch nur bei einer Partei der Verdacht einschleicht, dass der Mediator nicht neutral ist, reicht dies zur Beendigung seiner Beschäftigung aus. Der Mediator muss aber nicht nur den Personen gegenüber neutral sein, sondern er muss auch dem Ergebnis und dem Prozess gegenüber neutral sein. Das bedeutet, dass es dem Mediator „egal" sein sollte, ob das Verfahren zustande kommt, ob es fortgeführt wird oder mit welchem Ergebnis es beendet wird. Der Mediator hat nur darauf zu achten, dass all diese Entscheidungen in transparenter Art und Weise und im Rahmen der vereinbarten Regeln von den Konfliktparteien eigenverantwortlich und in Kenntnis aller Konsequenzen getroffen werden (Verfahrensneutralität).

Dieses sehr „passive" Verständnis der Mediation wird ein wenig durch den Begriff Überparteilichkeit gedehnt. Bei der Überparteilichkeit geht es darum, die Interessen beider/aller Parteien im Auge zu behalten. Der Mediator darf natürlich nicht einseitig die Interessen einer Partei verfolgen, so wie dies ein Anwalt tun sollte, da dies gegen die Personenneutralität verstoßen würde. Dennoch sollte er die Interessen der Parteien im Auge behalten und auch von sich aus aktiv nachhaken, wenn er glaubt, dass die Interessen der einen oder der anderen Partei nicht geachtet werden. Wenn der Mediator zum Beispiel glaubt, dass eine bestimmte Entscheidung aufgrund von Unkenntnis der Rechtslage getroffen wird, so sollte er diesen Verdacht offen ansprechen und anraten, zuerst Rechtsklarheit zu diesem Punkt zu erlangen, bevor weiter über diese Entscheidung diskutiert wird.

Mit der Darstellung der Prinzipien der Mediation sollten Sie ein erstes Gefühl dafür bekommen haben, was das Besondere an diesem Verfahren der Konfliktklärung ist. Nun gilt es noch die Frage zu beantworten, ob eine Mediation im konkreten Fall für Sie Sinn machen würde.

7.2 Wann sollte ich eine Mediation in Betracht ziehen?

Ziel dieses Buches ist es, dass Sie zusammen mit Ihrem Konfliktpartner zu einer nachhaltigen Lösung des Konfliktes kommen. Und dies ohne eine dritte Partei. Häufig kann das Hinzuziehen von Dritten sogar zu einer Verschärfung des Konfliktes führen. Dies sind dann allerdings in der Regel keine Mediatoren, sondern Freunde, die sich natürlicherweise auf Ihre Seite schlagen und Ihre, durch die Auseinandersetzung bedingt, verzerrte Sichtweise verstärken.

Wir hatten in der Einleitung dieses Buches auf vier Stadien eines Konfliktes hingewiesen. Dabei macht die Mediation für die ersten beiden Stadien, den latenten und den sichtbaren Konflikt, wenig Sinn. Beim latenten Konflikt ist noch nicht einmal sicher, ob sich der Konflikt wirklich zu einem Problem entwickeln wird. Es könnte auch immer noch sein, dass sich

Mediation beim latenten Konflikt

der Konflikt in der Sache aufgrund der guten Beziehung mit unserem Konfliktpartner oder aufgrund einer besonders hilfreichen Kommunikation zu diesem Thema einfach in eine gemeinsame Aufgabe verwandelt, die es zu lösen gilt.

Mediation beim sichtbaren Konflikt Im Fall des anfänglich sichtbaren Konfliktes würde die Einschaltung eines Mediators wahrscheinlich eher Verwirrung auslösen, weil noch nicht klar sein kann, ob die Lösung des Konfliktes ein solch aufwendiges und mit Kosten verbundenes Verfahren rechtfertigt. Wahrscheinlich würde sich der ein oder andere Konfliktpartner fragen, ob es noch weitere Themen gibt, die ihm noch nicht bekannt sind, die ein solches Vorgehen begründet erscheinen lassen.

Mediation beim verfestigten Konflikt Doch bereits ab dem dritten Stadium kann eine Mediation sinnvoll zum Einsatz gebracht werden. Zur Erinnerung: Im verfestigten Konflikt sind die Positionen jeder Seite deutlich, rationale Argumente wurden ausgetauscht, aber nicht in letzter Konsequenz akzeptiert. Der Umgang wird zunehmend emotionaler und auch taktischer. Es bilden sich eventuell Unterstützungsgruppen.

Mediation beim entgleisten Konflikt Im entgleisten Konflikt spielt die sachliche Ebene keine wesentliche Rolle mehr. Die Konfliktparteien und deren Unterstützer greifen sich gegenseitig persönlich an. Das Ziel hat neben der konstruktiven Seite (Erreichen eines gewünschten Zustandes) nun auch eine deutlich destruktive Seite (Schädigen der Gegenseite) hinzugewonnen.

Sollte sich der Konflikt langsam, aber sicher verfestigen, so kann die Einbeziehung eines Mediators einen Neustart bedeuten, der destruktive Emotionen zum Teil herausnimmt und das Vertrauen in einen fairen Prozess wiederherstellt. Im vierten Stadium, dem entgleisten Konflikt, ist Hilfe von außen auf jeden Fall notwendig. Hier gilt es, durch klare Regeln und eine gemeinsame Perspektive wieder konstruktiven Boden zu erreichen. Es kann allerdings sein, dass schon so viel an Beziehung zerstört wurde, dass auch die Mediation fruchtlos bleibt und nur noch durch einen direkten Machteingriff einer höheren Instanz (Vorgesetzter, Gericht) die Konfliktparteien davon abgehalten werden können, sich gegenseitig und auch sich selbst weiter zu schädigen. Allerdings hat so ein Machteingriff nicht selten zur Folge, dass ein unbefriedigtes Gefühl zurückbleibt und so der Konflikt nicht wirklich nachhaltig für einen persönlich geklärt ist. Das ist im Übrigen ganz unabhängig davon, ob der Konflikt in der Sache geklärt ist. Wir hatten ja schon zu Beginn des Buches darauf hingewiesen, dass ein Konflikt immer im Kopf einer Person beginnt und auch genau dort endet. Es kommt also letztendlich darauf an, ob der Konflikt nachhaltig auch in meinem Kopf geklärt ist und damit „abgelegt" werden kann.

Um zu klären, an welcher Stelle im Konflikt Sie gerade jetzt stehen, nehmen Sie bitte Ihren Stift und füllen folgende Checkliste aus:

Aussagen	Die Aussage trifft …		
	kaum zu	zum Teil zu	voll zu
Der Konflikt befindet sich im 3. oder 4. Stadium.	☐	☐	☐
Der Konflikt befindet sich im 1. oder 2. Stadium.	☐	☐	☐
Es gab schon direkte Gespräche oder andere Lösungsversuche zwischen den Konfliktparteien, ohne dass der Konflikt zufriedenstellend gelöst werden konnte.	☐	☐	☐
Bisher gab es noch keine Lösungsversuche.	☐	☐	☐
Die Atmosphäre zwischen den Konfliktparteien wird zunehmend unangenehmer.	☐	☐	☐

Aussagen	Die Aussage trifft ...		
	kaum zu	zum Teil zu	voll zu
Der Konflikt dehnt sich zunehmend auf weitere Sachthemen aus.	☐	☐	☐
Es werden zunehmend mehr Personen in die Auseinandersetzung mit einbezogen.	☐	☐	☐
Der Konflikt dehnt sich in keiner Weise aus und drängt auch nicht nach einer Lösung.	☐	☐	☐
Es fällt mir zunehmend schwer, sachlich mit meinem Gegenüber zu sprechen.	☐	☐	☐
Noch können mein Gegenüber und ich über die Sachfragen diskutieren.	☐	☐	☐
Ich möchte überhaupt nicht mehr mit meinem Gegenüber sprechen.	☐	☐	☐
Neben der Klärung der Sachfragen geht es auch um eine Verbesserung auf der Beziehungsebene.	☐	☐	☐
Mir ist mein Gegenüber egal, solange die Sachfragen geklärt sind.	☐	☐	☐
Mein Gegenüber darf genauso zufrieden aus der Mediation gehen wie ich selbst (win-win).	☐	☐	☐
Mein Gegenüber sollte möglichst weniger zufrieden aus der Mediation gehen als ich (win-lose).	☐	☐	☐

Ihr Beitrag zu einer erfolgreichen Mediation
Je mehr die grau hinterlegten Aussagen für Ihren konkreten Konfliktfall zutreffen und die Möglichkeiten des Selbstcoachings für diesen Fall erschöpft sind, desto mehr spricht für das Einschalten eines Mediators. Sollten eher die weiß hinterlegten Aussagen zutreffen, sind entweder noch nicht alle Möglich-

keiten zu einer Konfliktklärung ohne Mediator genutzt worden, oder es sind bereits zu viele negative emotionale Aspekte vorhanden, die den Erfolg einer Mediation gefährden könnten. Falls dies der Fall ist, empfehle ich Ihnen, noch einmal das Kapitel zur persönlichen Ebene zu bearbeiten. Die Mediation wird umso erfolgreicher sein, je klarer Sie sich in Bezug auf Ihre Emotionen in diesem Konflikt positionieren.

Sollten Sie sich nun für die Einschaltung eines Mediators entschieden haben, möchten Sie bestimmt wissen, was Sie dann erwartet.

7.3 Wie läuft eine Mediation ab?

Sollten Sie zu dem Schluss gekommen sein, dass die Mediation das Mittel der Wahl ist, so gilt es als Erstes, Ihren Konfliktpartner von dieser Idee zu überzeugen. Da Mediation nur mit dem Gegenüber geht, ist es eben Voraussetzung, dass Ihr Gegenüber wenigstens einem ersten Gespräch mit einem Mediator zustimmt. Und bitte fragen Sie Ihren Konfliktpartner, bevor Sie Kontakt zu einem Mediator aufgenommen haben. Dies erleichtert es, den passenden Mediator zu finden! Sollten Sie schon im Vorfeld einen Mediator gesucht und kontaktiert haben, so könnte die Neutralität des Mediators aus Sicht Ihres Konfliktpartners schon fraglich sein. Überlegen Sie also als Erstes, wann und wie Sie Ihren Konfliktpartner fragen wollen, ob eine Mediation auch aus seiner Sicht sinnvoll wäre. Nun haben Sie sich ja schon mit diesem Thema beschäftigt. Daher erwarten Sie nicht gleich eine Antwort von Ihrem Gegenüber, sondern lassen Sie auch ihm Zeit, sich ebenfalls mit dem Thema Mediation auseinanderzusetzen. Je nach Situation können Sie Hinweise auf entsprechende Internetseiten geben oder auch einfach auf die Übersicht bei Wikipedia verweisen, denn diese Informationsquelle wird in der Regel als neutral angesehen. Machen Sie auf jeden Fall deutlich, welche positive Absicht von

Ihrer Seite aus dahintersteht, dass Sie einen Mediator zur Unterstützung anfragen wollen. Sprechen Sie also bitte über Ihre Bedürfnisse („Ich wünsche mir Unterstützung.") und gehen Sie nicht davon aus, dass Sie die Bedürfnisse oder Möglichkeiten Ihres Gegenübers kennen („Wir bekommen das sonst doch nicht hin."). Denn selbst wenn Sie mit Ihren Annahmen über die Bedürfnisse richtig liegen, hört sich Ihr Gegenüber das sicherlich nicht so gerne aus dem Mund seines Kontrahenten an.

Fragen, die vor einer Mediation geklärt werden sollten

Sollten Sie und Ihr Konfliktpartner übereingekommen sein, dass ein Mediator angesprochen wird, so gilt es, eine Reihe von Fragen im Vorfeld zu klären:

Wie und wo wird ein Mediator gesucht und gefunden?
Achtung: Die Neutralität muss außer Frage stehen. Daher gilt in der Regel: „Niemanden, der einem der Konfliktpartner schon näher bekannt ist."

Wer ruft den Mediator an und vereinbart was?
Achtung: Vereinbaren Sie klipp und klar, was im Namen von beiden Konfliktparteien gesagt und geklärt werden soll und kann. Alles darüber hinaus wird dann nur zu dritt besprochen.

Wo soll das erste Treffen mit dem Mediator stattfinden?
Achtung: Ein möglicher Termin sollte natürlich zwischen den Konfliktparteien abgestimmt sein. Aber auch der Ort sollte für beide Konfliktparteien neutral und akzeptabel sein.

Wer gilt als Auftraggeber?
Achtung: Gibt es hierarchische Themen, die zu beachten sind? Ist klar, wer die Kosten für die Mediation übernimmt?

Was dem Mediator wichtig ist …

Sind diese Fragen geklärt, kann ein entsprechender Mediator angerufen werden. Bereiten Sie sich darauf vor, dass der Mediator zwar einiges zu Ihrer Person und den weiteren Konfliktparteien wissen möchte, doch nichts über den Konflikt hören will. Auch wenn es unter Mediatoren hier unterschiedliche Vorgehensweisen gibt, so gilt doch für die meisten, dass sie bei Konflikten zwischen zwei Parteien gar keine inhaltlichen Angaben zum Konflikt bekommen möchten. Dadurch möchte auch der Mediator vermeiden, dass sich bei ihm schon eine vorgefasste Meinung bildet. Dies kann sich ändern, wenn es bei der Mediation um einen Gruppenkonflikt oder einen Mehrparteienkonflikt geht. Hier ist es sinnvoll, sich ein erstes Bild über die Gesamtsituation zu machen, damit die Mediation (zum Beispiel Anzahl der Mediatoren, mögliche Methoden etc.) besser vorbereitet werden kann.

Fragen des Mediators könnten sein:
- Wer ist der Anrufer?
- In welcher Beziehung steht der Anrufer zu den Konfliktparteien?
- Wer sind die Konfliktparteien und in welcher Beziehung (Vorgesetzter, Mitarbeiter, Kunde etc.) stehen sie zueinander?
- Wissen alle Konfliktparteien über diesen Anruf Bescheid?
- Wieso erfolgt der Anruf jetzt? (Was wurde vorher schon probiert?)
- Wieso wird er (genau dieser Mediator) angerufen?
- Was kann direkt am Telefon vereinbart werden? (erstes Treffen, Ort, Zeit etc.)
- Wer erteilt den Auftrag für das erste Treffen? (Rechnungsadresse)

Anders übrigens als beim Coaching gibt es in der Mediation häufig kein kostenloses Kennenlernen, da beim ersten Treffen schon alle Konfliktparteien anwesend sind und mit dem Festlegen der gemeinsamen Rahmenbedingungen die Mediation bereits im vollen Gange ist – selbst wenn sie nicht fortgeführt werden sollte.

… und die Kostenfrage

Sollte man einen Mediator gefunden haben, geht es nun in den siebenstufigen Prozess der Mediation. Dieser Prozess besteht aus der Eröffnungsphase, der Situationsbeschreibung, der Themensammlung und -priorisierung, der Schilderung der Interessen und Bedürfnisse, den Lösungsoptionen, der Vereinbarung und dem Abschluss.

In dieser ersten Phase der Mediation gilt es, die Grundlagen und den Rahmen für die gemeinsame Zusammenarbeit zu gestalten. Daher fängt man damit an, sich gegenseitig vorzustellen. Dazu gehören aufseiten der Konfliktparteien vor allem die namentliche Vorstellung und die kurze Erläuterung der Funktion (zum Beispiel Mitarbeiter im Labor von Herrn XY). Aufseiten des Mediators ist die Vorstellung schon ein wenig ausführlicher. Der Mediator sollte etwas über seinen beruflichen und persönlichen Werdegang erzählen, damit die Konfliktparteien Gelegenheit haben, sich auf ihn einzustellen. Vor allem sollte er auch erläutern, wie er zu diesem Treffen gekommen ist: Wer hat ihn angerufen? Was weiß er schon über die Situation? In welcher Beziehung steht er zu den Konfliktparteien? In welcher Rolle (Leiter des Klärungsgespräches) ist der Mediator hier und was beinhaltet diese?

Ein Ja zum Verfahren und zum Mediator sind wichtig Nach der Vorstellung sollte von allen Beteiligten ein klares Ja zum weiteren gemeinsamen Vorgehen geäußert werden und das schließt auch das grundsätzliche Ja zum Mediator mit ein. Sollten Sie an dieser Stelle einen Zweifel in Bezug auf den Mediator haben, sprechen Sie ihn offen an. Letztendlich ist es egal, woher der Zweifel kommt. Wenn Sie dem Mediator nicht vertrauen können, macht es keinen Sinn, mit ihm zu arbeiten – auch Ihr Mediator wird dies nicht wollen. Oberstes Arbeitsprinzip für den Mediator ist die Transparenz im Verfahren. Daher ist es im Sinne des Verfahrens, alles offen auf den Tisch zu legen, was die Mediation betrifft, damit man gemeinsam eine Entscheidung zum Umgang mit den dargelegten Themen treffen kann.

Gehen wir aber mal davon aus, dass Sie und Ihr Konfliktpartner zufrieden mit dem Mediator sind und das Verfahren weiter vorangehen kann.

Als Nächstes wird der Mediator Ziel und Erwartung an das Verfahren mit den Konfliktparteien besprechen. Wichtig ist, dass alle Beteiligten eine gemeinsame Vorstellung vom Zielund vom Ablauf der Mediation haben. Daher wird der Mediator noch einmal kurz die Prinzipien (siehe oben Vertraulichkeit etc.) und die Phasen der Mediation erläutern. Die Prinzipien und gegebenenfalls weitere Spielregeln (zum Beispiel „Jeder darf ausreden, ohne unterbrochen zu werden.", „Der Mediator achtet auf die Sprechzeit." etc.) sollten aufgeschrieben und gemeinsam vereinbart werden. Haben Sie diesen ersten Schritt mit Ihrem Konfliktpartner und dem Mediator geschafft, so haben Sie schon ein gutes Stück Weg hinter sich gebracht und die erste gemeinsame Vereinbarung in der Mediation geschlossen.

Ziel und Erwartung an das Verfahren

Nun ist es endlich so weit: Sie dürfen berichten, was los ist! In dieser Phase bekommen Sie und Ihr Konfliktpartner die Gelegenheit, die konflikthafte Situation aus Ihrer Sicht zu schildern. Dabei wird der Mediator darauf achten, dass Sie sich an die vorgegebene Zeit halten, Ihr Gegenüber nicht verbal angreifen oder herabsetzen und eventuell Verständnisfragen stellen. Ihr Konfliktpartner hört (hoffentlich) aufmerksam zu und macht sonst nichts. Das heißt, dass Sie ungestört von Kommentaren oder Ergänzungen Ihre Geschichte erzählen können. Das ist für Sie natürlich erst einmal angenehm. Allerdings hat Ihr Gegenüber natürlich die gleichen Rechte. Daher werden Sie feststellen, dass es gar nicht so leicht ist, einfach nur zuzuhören und nicht zu kommentieren, was der andere aus seiner Sicht zum Konflikt zu sagen hat. Die Phase der subjektiven Situationsbeschreibung ist daher durchaus eine sehr emotionale und mitunter auch anstrengende Angelegenheit. Dennoch gilt es hier, die subjektiven und auch einseitig dargestellten Positionen der

Konfliktparteien lediglich kennenzulernen und nicht darum, sie zu diskutieren.

Wer mit der Situationsbeschreibung anfängt, bestimmen die Konfliktparteien selbst. Solche und ähnliche Entscheidungen trifft nicht der Mediator, da dies schon als Parteilichkeit von den Konfliktparteien ausgelegt werden könnte. Es kann auch durchaus sein, dass Ihr Mediator Sie zuerst bittet, sich kurz schriftlich oder mithilfe eines Bildes auf die Situationsschilderung vorzubereiten. Das Prinzip der Darstellung bleibt aber immer das gleiche: ungestörte Situationsschilderung.

Themensammlung und -priorisierung
Sie haben die Situation aus Ihrer Sicht geschildert und haben auch die Schilderung Ihres Gegenübers gehört. Doch bevor Sie nun über das Gesagte diskutieren dürfen, wird zunächst eine Liste mit all den Themen angefertigt, die sich in den Situationsschilderungen verborgen haben. Das Ziel ist hier wieder die Transparenz: Jedem der Beteiligten soll klar sein, welche Themen im Einzelnen besprochen werden sollen. Herrscht Einigkeit über die Liste, gilt es festzulegen, mit welchem Thema begonnen wird. Es empfiehlt sich, mit dem schwierigsten Thema zu beginnen. Erfolge bei diesem Thema haben oft einen positiven Dominoeffekt mit Blick auf die weiteren Themen.

Achten Sie auch darauf (der Mediator wird hier ebenfalls nachhaken), dass wirklich alle Themen auf dem Tisch liegen. Nichts ist unschöner als am Ende eines langen Mediationsprozesses zu hören: „Ja, aber das eigentliche Thema haben wir ja noch gar nicht angesprochen."

Wir haben in diesem Buch bereits über die Unterscheidung von Positionen und Interessen gesprochen. Stehen in der Regel die Positionen der Konfliktparteien in der ersten Situationsbeschreibung im Vordergrund, so geht es nun um die Klärung der dahinter liegenden Interessen und Bedürfnisse für jedes Thema. Es geht also um einen Dialog zwischen Ihnen und Ihrem Konfliktpartner, der zum Ziel hat, die Bedürfnisse eines jeden zu verstehen. Dazu werden die Themen in der festgelegten Reihenfolge und unter Moderation des Mediators durchgesprochen. Als Ergebnis soll eine neue Qualität in der Klarheit über die Interessen des jeweiligen Konfliktpartners entstehen. Hier ist Ihr Mediator nun besonders gefragt: Er hat dafür Sorge zu tragen, dass die Ebene der Bedürfnisse korrekt getroffen wird, Übersetzungsarbeit mit Blick auf die jeweils andere Konfliktpartei zu leisten und dafür zu sorgen, dass emotionale Inhalte so geäußert werden, dass das Gegenüber diese auch annehmen kann. Dabei geht es ausschließlich um die Darstellung der Sichtweisen zu einem Thema und nicht bereits um Lösungsansätze. Wenn Sie es Ihrem Gegenüber erleichtern wollen, Sie besser zu verstehen, versuchen Sie deutlich zu machen, welche Motive Sie leiten und welche Konsequenzen mit einem ungelösten Konflikt verbunden sind. Riskieren Sie hier ein wenig (Schritt für Schritt), denn Vertrauen und Öffnung auf der Gegenseite wird durch Vertrauensvorschuss und Öffnung auf Ihrer Seite gefördert.

Nun kann endlich mit der Suche nach möglichen Lösungen begonnen werden. Voraussetzung ist, dass man die Ebene der Positionen verlassen hat und sich auf die dahinter liegenden Interessen und Bedürfnisse fokussiert. Diese im Blick, gilt es jetzt, möglichst viele Lösungsideen zu generieren, die die Verwirklichung der Interessen beider Parteien ermöglichen. Es geht hier, wie an anderer Stelle zum Thema Interessen versus Positionen, nicht darum, den kleinsten gemeinsamen Nenner zu finden. Ihre Kreativität sollte nun vollends darauf gerichtet sein, dass die Interessen aller Beteiligten zu möglichst 100 Prozent erfüllt werden. Dazu wird der Mediator wahrscheinlich die eine oder andere Kreativitätstechnik einsetzen, wie zum Beispiel das schon beschriebene Brainstorming. Nachdem verschiedene Lösungsoptionen auf dem Tisch liegen, liegt es

Die Lösungsoptionen

an Ihnen und Ihrem Konfliktpartner, den Lösungsansatz auszuprobieren, der

- alle vorliegenden Interessen am besten berücksichtigt,
- von den Beteiligten als realistisch in der Umsetzung bewertet wird (sind notwendige Ressourcen vorhanden oder zu organisieren?),
- von Dauer sein kann und
- keine neuen Konflikte, zum Beispiel mit anderen Parteien, heraufbeschwört.

Die Vereinbarung Dieser Schritt sollte nun allen Beteiligten leicht fallen, da es hier „nur noch" darum geht, die nächsten konkreten Schritte festzuhalten, schriftlich niederzulegen und zu verdeutlichen, wer wofür in Zukunft Verantwortung übernimmt. Sie kennen sicherlich den Rahmen für solche schriftlichen Maßnahmenprotokolle: Was macht Wer mit Wem bis Wann? Sollte es in dieser Phase zu neuen emotionsgeladenen Diskussionen kommen, wäre das eher ein Zeichen dafür, dass noch nicht alle Themen in der Phase „Interessen und Bedürfnisse" so besprochen wurden, dass man den Konflikt abschließen könnte. Schon in der Einleitung hatten wir darauf hingewiesen, dass der Konflikt immer im Kopf einer Person beginnt. Sie sollten die angedachten Lösungsoptionen und die daraus folgenden Maßnahmen nun dahingehend überprüfen, ob Sie den Konflikt in Ihrem Kopf allmählich zur Ruhe kommen lassen können, um ihn in absehbarer Zeit ganz zu beenden. Darum geht es letztendlich: Der Konflikt sollte für Sie in der Sache, in Bezug auf die Beziehung zu Ihrem Gegenüber und in Bezug auf Ihre Emotionen abgeschlossen werden können.

Der Abschluss Nun gilt es noch, offiziell die Mediation abzuschließen! Wie dies geschieht, braucht nicht Ihre Sorge zu sein, da der Mediator diese Phase einläuten wird. Deutlich sollte werden, dass der aktuelle Prozess der Konfliktklärung nun zu Ende geht. Gegebenenfalls wird es noch einen Review-Termin geben, doch die aktuelle Bearbeitung des Konfliktes ist erst einmal beendet. Dies sollte durch entsprechende Worte und Gesten („Hand drauf!") besiegelt werden. Als gemeinsame Aufgabe bleibt nun die Umsetzung der vereinbarten Maßnahmen.

Conclusio

Sie wissen jetzt, was man unter einer Mediation versteht, wann man die Dienste eines Mediators in Anspruch nehmen kann und wie eine Mediation abläuft. Sollten Sie sich entscheiden, in ein solches Verfahren einzusteigen, können Sie auf die Erkenntnisse aus den durchgeführten Übungen dieses Buches zurückgreifen. Alles Weitere können Sie dann getrost dem Mediator überlassen.

Es folgt ein letztes Kapitel, welches Sie mit vielerlei Tipps und Tricks versorgt, die sich im Laufe der Jahre in der Arbeit mit Konflikten als hilfreich erwiesen haben. Schauen Sie einmal quer durch dieses Kapitel, vielleicht springt Sie der eine oder andere Punkt ja an.

8 Tipps und Tricks

Ziel

Manchmal möchte man nicht durch Reflexion zur Lösung kommen, sondern einfach einen kleinen Tipp bekommen, wie man etwas angehen kann. Und genau dies ist das Ziel dieses Kapitels: Ihnen ein paar Tipps und Tricks zu den häufigsten Fragen im Bereich Konfliktmanagement zu geben.

Nutzen

Sie können sich durch die Tipps und Tricks dazu anregen lassen, wie Sie mit immer wieder auftretenden Problemen in der Konfliktklärung umgehen können. Dabei gibt es keine Garantie, dass die dargestellten Wege für Sie und Ihre Situation funktionieren, aber einen Versuch sind sie allemal wert.

Kernpunkte

▶ Am besten funktionieren die selbst entwickelten Wege zur Lösung, wovon die Kapitel 2 bis 6 handeln.

▶ Es treten in Konfliktklärungen immer mal wieder ähnliche schwierige Situationen auf.

▶ Nutzen Sie die folgenden Tipps und Tricks als eine Schatztruhe der Möglichkeiten und nicht als der Weisheit letzter Schluss.

8.1 Ich möchte mich beruhigen

Konflikte sind häufig mit Emotionen verbunden, die dann unmittelbar zur körperlichen und / oder psychischen Erregung führen. Wie wir mit Emotionen umgehen können und welche Grenzen dies hat, haben wir bereits im Kapitel „Die persönliche Ebene" besprochen. Darüber hinaus gibt es eine Vielzahl von Techniken als Notbremsen, die direkt in konflikthaften Situationen anwendbar sind. Diese Techniken dienen vor allem dazu, einen spontanen und möglicherweise übertriebenen Handlungsimpuls zu unterbinden. Dadurch kann zum einen eine unproduktive Steigerung der eigenen Erregung verhindert werden und zum anderen soll Zeit gewonnen werden, um eine rationalere Handlungsweise zu wählen.

Die folgende Tabelle soll Ihnen die Vielfalt dieser Techniken aufzeigen. Dabei unterscheiden wir vorwiegend körperliche und vorwiegend mentale Ansätze, mit der Erregung umzugehen. Eine klare Unterscheidung ist allerdings nur schwer möglich, da alle körperlichen und mentalen (kognitiven) Prozesse untrennbar miteinander verknüpft sind. Zusätzlich unterscheiden wir noch Maßnahmen zur Vorbeugung. Diese können ebenfalls körperlicher als auch mentaler Art sein. Ihr Effekt entsteht allerdings erst dadurch, dass sie im Vorfeld intensiv geübt wurden; dann bemerkt man ihre positive Wirkung jedoch unmittelbar in der konflikthaften Situation.

Vielfalt an Notbremsen

Körperliche Notbremsen in der emotionalen Situation	Mentale Notbremsen in der emotionalen Situation	Vorbeugende Maßnahmen
Ein Glas Wasser trinken	An etwas Schönes denken	Muskelentspannung nach Jacobsen
Fenster öffnen und tief durchatmen	Beruhigende Selbstgespräche	Regelmäßiger Sport
Bewusst und tief atmen (Bauchatmung)	Bewusst und einseitig nach Fortschritten suchen	Meditation
Muskeln abwechselnd anspannen und entspannen	Sich das Gegenüber in einer positiven privaten Situation vorstellen	Yoga
Schokolade essen	Vor dem geistigen Auge die eigene Notbremse ziehen und warten, bis der Zug anhält	Qigong
Rauchen (für Raucher)	Überlegen, was ein Superheld der Konfliktklärung jetzt tun würde	Tai-Chi-Chuan
Gespräch unterbrechen und eine Pause einlegen		Autogenes Training
Gespräch abbrechen und vertagen		Genügend Freizeit
Aufstehen und Bewegen	An die letzte Yoga-Stunde denken	Anregendes und ausgleichendes Hobby

Umgang mit körperlichen und mentalen Notbremsen Alle Notbremsen zielen darauf ab, die eigene Adrenalinausschüttung zu drosseln oder auch das Adrenalin im Körper wieder abzubauen. Denn letztendlich ist unsere emotionale Reaktion auf den Konflikt eine Stressreaktion. Und da wir bekanntlich als Neandertaler Stress zur Aktivierung unseres Körpers genutzt haben, um anzugreifen oder wegzulaufen, versorgt unser Stresssystem den Körper mit Energie in den großen Muskelgruppen (Beine, Arme), sodass wir dazu auch in der Lage sind. Leider bekommt unser Gehirn in diesen Fällen nicht mehr ganz so viel vom sauerstoffreichen Blut ab, obwohl es dort als Energielieferant heutzutage am hilfreichsten wäre. Denn heute können wir in vielen Konfliktsituationen natürlich weder körperlich angreifen noch wegrennen. Trotzdem ist unser Körper bei Stress immer noch zum Großteil auf diese körperlichen Reaktionen eingestimmt. Daher ist es wichtig, dass wir das „Adrenalin" (hier als Prozess der Stressregulation verstanden) im Körper durch andere Formen der Bewegung und viel Sauerstoff „verbrennen" (die körperlichen Notbremsen) oder zumindest dafür sorgen, dass kein weiteres Öl (Adrenalin) ins Feuer gegossen wird (die mentalen Ansätze).

Die vorbeugenden Maßnahmen helfen uns, grundsätzlich Stresssituationen besser zu ertragen oder auch Situationen als weniger anstrengend wahrzunehmen. Unsere allgemeine Stresstoleranz wächst durch diese Techniken, sodass wir mit Stressspitzen besser umgehen können. Zusätzlich funktionieren sie als mentale Ansätze in der Konfliktsituation, da ein Stück der Entspannung in unseren Körper aus der Übungspraxis des Yoga, autogenen Trainings etc. durch das reine Denken an diese Übungen zurückkommt. Ähnlich funktioniert übrigens auch das Rauchen für Raucher in Konfliktsituationen: Dadurch, dass Rauchen für viele Menschen mit Entspannung, Geselligkeit und Abschalten gekoppelt ist, wird das Anzünden einer Zigarette für sie zum Auslöser von Entspannung. Dies macht es Rauchern auch so schwer, sich das Rauchen abzugewöhnen, denn sie kennen oft keinen Weg, der sie so schnell und einfach zur Entspannung führt wie das Anzünden einer Zigarette – trotz der bekannten Spätfolgen.

Entspannung in Stresssituationen

8.2 Ich möchte ruhig bleiben und mich erst gar nicht aufregen

Wir haben schon über die Rolle der Emotionen im Kapitel der persönlichen Ebene gesprochen und wissen daher, dass wir nur begrenzt Einfluss auf sie haben. Möglichkeiten, seine Emotionen dennoch positiv zu beeinflussen, haben wir schon am Anfang des Buches besprochen und möchten daher hier nur noch einmal auf einige der entsprechenden Stellen hinweisen: Kapitel 2.4 „Wieso nehmen wir Informationen so unterschiedlich auf?", dazu die Übung zu den Submodalitäten; Kapitel 2.5 „Wie kann ich als Selbstcoach meine Sichtweise verändern?", vom Nutzen der Dissoziation; und Kapitel 3.3 „Aktion: Der kraftvolle Start", hier die alternative Übung „Körpergedächtnis".

8.3 Ich möchte gut einschlafen können

Es gibt eine Reihe von guten Tipps, wie man sich zur Ruhe begeben sollte, sodass man gut schlafen kann. Dazu gehören alle Hinweise in Richtung leichtes Essen, gelüftetes Schlafzimmer, ausreichend Bewegung, Beschäftigung mit etwas Positivem, bevor man zu Bett geht, Schafe zählen etc. Hier möchte ich Ihnen eine weitere Möglichkeit anbieten, die Atemmeditation. Dazu können Sie sich folgende Anweisung ein paar Mal durchlesen und später aus der Erinnerung heraus so oder ähnlich anwenden oder (in der Regel einfacher) Sie sprechen sich den Text auf Band / MP3-Player und spielen die Aufnahme zum Schlafengehen ab und folgen Ihren eigenen Worten.

Übung: Die Atemmeditation

Legen Sie sich in Ihr Bett und machen es sich bequem. Spüren Sie Ihren Rücken, wie er entspannt auf der Matratze ruht. Spüren Sie, wie Ihre Arme und Hände seitlich am Körper ruhen. Spüren Sie Ihre Füße, wie sie leicht zur Seite auseinanderfallen. Spüren Sie Ihren Kopf, wie er auf der Unterlage ruht. Spüren Sie nach, wo im Körper die Entspannung schon am tiefsten ist.

Sie müssen im Folgenden nichts tun. Schließen Sie Ihre Augen, und beobachten Sie einfach Ihren Atem, so wie er gerade fließt. Gedanken kommen und gehen, doch Sie beobachten für eine kurze Weile einfach Ihren Atem.

Atmen Sie nun bewusst zehn Mal tief ein und aus. Dabei sollten Sie sich vor allem auf das Ausatmen konzentrieren. Mit jedem Ausatmen gehen Sie automatisch ein Stück weiter in die Entspannung hinein. Sie können die Entspannung vertiefen, indem Sie bei jedem Ausatmen das Wort Ruhe oder auch das Wort Entspannung denken.

Nachdem Sie zehn Mal tief ein- und ausgeatmet haben, lassen Sie Ihren Atem einfach wieder frei fließen. Sie müssen nichts tun – Sie beobachten einfach Ihren Atem eine Weile.

Lenken Sie nun Ihre Konzentration auf den natürlichen Fluss des Atems durch Ihre Nase. Beobachten Sie, wie die Luft in die Nase einströmt und wie sie wieder ausströmt. Sie brauchen nichts dazu tun, da dies ganz von alleine geschieht. Gedanken kommen und gehen und Sie konzentrieren sich einfach auf die Luft, die durch die Nase ein- und langsam wieder ausströmt.

Wenn Sie möchten, können Sie sich auch vorstellen, dass angenehme frische und kühle Luft in die Nase einströmt und die warme verbrauchte Luft aus der Nase herausströmt. Bleiben Sie eine Weile beim Ein- und Ausatmen durch die Nase.

Atmen Sie nun drei Mal tief ein und aus. Beobachten Sie dabei, wie sich Ihr unterer Bauch bei jedem Einatmen ausdehnt und beim Ausatmen wieder senkt. Beobachten Sie Ihren Atem, ohne ihn zu beeinflussen, und spüren Sie das Heben und Senken Ihres Bauches beim Atmen. Vielleicht spüren Sie sogar, wie sich beim Einatmen Ihr unterer Rücken ein wenig gegen die Matratze ausdehnt. Die Bauchatmung vertieft automatisch Ihre Entspannung, ohne dass Sie etwas dazu tun müssen. Sie können einfach da liegen, Ihrem Atem folgen, Ihren Bauch spüren und tiefer und tiefer entspannen.

Sollten Gedanken Sie vom Beobachten Ihres Atems ablenken, so fangen Sie an, das Ein- und Ausatmen zu begleiten, indem Sie beim Einatmen „Ruhe" und beim Ausatmen „Entspannung" denken. Wiederholen Sie dies ein paar Mal und stellen sich dann vor, wie Sie in einer schönen Landschaft an einem Fluss sitzen. Sie sehen und hören den Fluss, wie er an Ihnen vorbeizieht. Im Fluss schwimmen Blätter. Sie sehen Sie kommen und gehen. Stellen Sie sich vor, dass auch Ihre Gedanken, wie die Blätter, kommen und mit dem Fluss davonziehen. Gedanken kommen und ziehen vorbei. Übrig bleiben Ruhe und die Entspannung.

Spüren Sie im Körper nach, wo die Entspannung und vielleicht auch die Schläfrigkeit am deutlichsten sind. Spüren Sie die Schläfrigkeit im Körper. Stellen Sie sich vor, wie von der Stelle mit der größten Schläfrigkeit sich diese langsam im ganzen Körper ausbreitet; wie Ihre Hände, Arme, Beine, Füße, Ihr Rumpf und auch Ihr Kopf immer müder werden.

Legen Sie sich nun in Ihre bevorzugte Schlafposition und genießen Sie die Schläfrigkeit und die Ruhe, bis Sie langsam einschlafen …

....

8.4 Ich möchte nicht übervorteilt werden / Mein Gegenüber spielt seine Machtposition aus

In jedem Konflikt besteht die Gefahr, dass man Zugeständnisse macht, nur damit der leidige Konflikt ein Ende hat. Das heißt, man gibt das Win-win-Ziel auf und lässt sich auf einen (faulen) Kompromiss ein. Diese Gefahr ist natürlich dann besonders groß, wenn das Gegenüber in einer mächtigeren Position ist, weil er zum Beispiel mein Vorgesetzter ist oder ich sonst in irgendeiner Weise von ihm abhängig bin. Dies kann schnell zu einer Situation führen, in der ich tatsächlich nicht meine legitimen Interessen durchsetzen kann. Allerdings sollte ich darauf achten, dass ich nicht unnötig viele Zugeständnisse mache. Dazu muss ich mich aber schon vor den Verhandlungen intensiv um mein BATNA kümmern (Fisher et al., 1984). BATNA ist die Abkürzung für „Best Alternative to a Negotiated Agreement", also die beste Alternative zu einer ausgehandelten Vereinbarung. Ich muss mir also schon vor der Verhandlung Gedanken darüber machen, was die Alternative zu keinem Ergebnis wäre. „Was wäre, wenn wir uns nicht einigen?" ist hier die Gretchenfrage. Welche Optionen bleiben mir, wenn wir keine „vernünftige" Einigung erreichen? Dies ist dann die absolute rote Linie, hinter die keine Vereinbarung mit meinem Konfliktpartner gehen sollte. Dann wäre es eben vernünftiger, keine Einigung zu erreichen und sich mit dem BATNA zufriedenzugeben, anstatt einen faulen Kompromiss zu schließen. Das scheint insgesamt nicht sehr erstrebenswert, doch hat das explizite Formulieren des BATNA vor der Konfliktklärung / Verhandlung verschiedene Vorteile:

- ▨ Sie gehen nicht in die Verhandlung mit der Vorstellung, unbedingt ein gemeinsames Ergebnis erzielen zu müssen (was Sie automatisch in eine geschwächte Position bringt) und erweitern damit Ihren Lösungsraum.

- Sie wissen genau, wann Sie aussteigen sollten, um sich zu schützen.
- Sie müssen sich mit Fakten versorgen, um das BATNA bestimmen zu können, und gehen damit informierter in die Auseinandersetzung.
- Sie können mit Ihrem Gegenüber offen über eine Nichteinigung und die objektiven Alternativen sprechen.

Die realistische Bestimmung Ihres BATNA

Um ein realistisches BATNA bestimmen zu können, müssen Sie sich natürlich im Vorfeld informieren. Wie wir im Kapitel über die Mediation schon gehört haben, kann man nur dann wirklich verhandeln, wenn Sie Ihre Rechte (oder den objektiven Marktpreis, die Alternativangebote, die Betriebsvereinbarung etc.) auch wirklich kennen. Wenn Sie zum Beispiel bei Ihrem örtlichen Fernsehhändler einen neuen Flachbildschirmfernseher kaufen möchten, so macht es durchaus Sinn, sich über die möglichen Preise zuvor im Internet erkundigt zu haben. Natürlich hat dies auch Ihr Fernsehhändler getan. So gehen beide von einer ungefähr gleichen Datenlage aus. Sie haben auf Ihrer Seite des BATNA also die Preise des Internetversandes und zum Beispiel des Fernsehgroßhändlers in der 30 km entfernten Großstadt. Der Händler in Ihrem Ort hat seinen Einkaufspreis (der eventuell schon über dem Endpreis des Großhändlers liegt) und seine Fixkosten. Sie müssten jetzt noch den Service vor Ort und die persönliche Atmosphäre beim Fernsehkauf berücksichtigen. Vielleicht gehört zu Ihren Überlegungen ja auch noch, dass der örtliche Fernsehhändler im gleichen Schützenverein wie Sie Mitglied ist … Sie sehen, dass in Ihrem BATNA nicht nur der reine Preis des Fernsehers, sondern auch andere Aspekte hineinfließen können.

Menschen treten in Unternehmen ein, aber sie verlassen Vorgesetzte

Genauso ist es auch im Konflikt mit Ihrem Vorgesetzten. Sie haben sich über Ihre Rechte informiert, sich mit Ihren und seinen Interessen auseinandergesetzt und trotzdem ist keine Annäherung in Sicht, weil der Chef vielleicht mit Ihrer unfreiwilligen Hilfe seine Autorität unterstreichen möchte und auf jeden Fall in der Öffentlichkeit als Sieger hervorgehen will. Wie sieht Ihr BATNA aus? Was ist, wenn Sie nicht nachgeben? Vielleicht sind die Kosten (Beförderungsstopp, Mobbing durch den Boss etc.) so groß, dass es am vernünftigsten ist, dem Chef seinen Sieg zu gönnen. Je nachdem, wie dieser „Sieg" durch Sie und Ihren Chef organisiert wird, würden Sie insgesamt vielleicht sogar ein positives Ergebnis erzielen (zum Beispiel Beförderung zum nächstmöglichen Termin). Vielleicht wären die Kosten dieser Alternative auf Dauer aber so groß (zum Beispiel: „Mit Ihnen kann man es ja machen und daher wird es in Zukunft immer wieder so ausgehen."), dass Ihr BATNA (Suche nach einem besseren Chef) attraktiver ist, auch wenn damit viel Aufwand verbunden ist. Diese Alternative ist leider nicht unrealistisch. Nicht umsonst kommen die Forscher des Gallup-Instituts zu der Schlussfolgerung: „People join companies, but leave supervisors." (Menschen treten in Unternehmen ein, aber sie verlassen Vorgesetzte.) Wie Sie sehen, ist BATNA kein magischer Trick für ausweglose Konfliktsituationen, doch ist es eine gute Absicherung vor übereilten oder unvorteilhaften Zugeständnissen und der beste Weg zu einer bewussten Entscheidung – und darum geht es ja im Selbstcoaching.

8.5 Ich bin guten Willens, aber mein Gegenüber schaltet auf stur

Sie haben sich mithilfe dieses Buches Gedanken gemacht über Ihre Interessen und Absichten, haben versucht, Ihr Gegenüber zu verstehen und seine Bedürfnisse zu erkennen, doch Ihr Gegenüber schaltet einfach auf stur und bewegt sich keinen Zentimeter. Im Gegenteil, er greift Sie weiterhin an und attackiert Ihre Ideen. Was tun?

Die Gefahr in einer solchen Situation besteht vor allem darin, dass wir uns auf den Kampf im Schützengraben einlassen: Mein Gegenüber greift mich an, ich ducke mich und lade gleichzeitig mein Geschütz. Dann schieße ich und mein Gegenüber duckt sich und lädt nach. Und so kann es lange weitergehen, ohne dass wir uns annähern. Im Gegenteil, wir werden uns in der Regel weiter voneinander entfernen. Daher ist es in diesen Situationen wichtig, dass Sie sich nicht auf den Angriff des Gegenübers konzentrieren, sondern versuchen zu verstehen, was für positive Absichten dahinter stehen (siehe auch unten: „Ich möchte mich vor emotionalen Angriffen besser schützen.“). Seien Sie bewusst naiv und stellen Fragen: „Wieso ist das wichtig? Wozu? Warum?“ Und fassen Sie immer mal wieder zusammen, was Sie verstanden haben. Schnell läuft dies auf das aktive Zuhören hinaus, welches wir im Kapitel 6.4 „Das Klärungsgespräch“ besprochen haben. Als innerer Leitspruch kann hier das Erfolgsgeheimnis von Stephen Covey, „Erst verstehen, dann verstanden werden.“, genutzt werden. Versuchen Sie, erst vollkommen die Bedürfnisse hinter den Angriffen zu verstehen, verweigern Sie sich damit dem Schützengraben und versuchen Sie, erst nachdem Sie Ihr Gegenüber verstanden haben, ihm Ihre Bedürfnisse hinter Ihren Positionen zu verdeutlichen.

8.6 Ich möchte mich vor emotionalen Angriffen besser schützen / Ich möchte das Nachrichtenquadrat von Schulz von Thun anwenden

Sie haben in einem Kommunikationsseminar etwas über das Nachrichtenquadrat von Schulz von Thun gehört, waren überzeugt von der Richtigkeit der Ideen und möchten es nun in Konfliktsituationen anwenden – aber wie?
Zur Erinnerung:

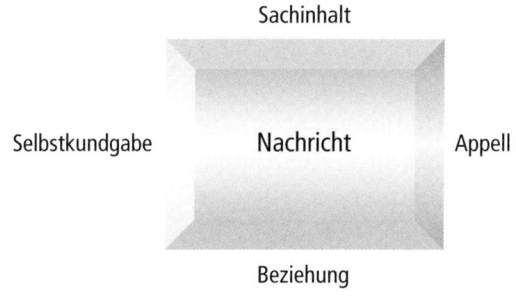

Sachinhalt

Selbstkundgabe Nachricht Appell

Beziehung

Abb. 8:
Das Nachrichten-
quadrat nach
Friedemann Schulz
von Thun

Das Nachrichtenquadrat geht davon aus, dass jede Botschaft vier Aspekte enthält:

- Den Sachaspekt; die Sache um die es geht
- Den Appell; die Aufforderung, die mit der Botschaft verbunden ist
- Den Beziehungsaspekt; die Stellung zueinander und die Du-Botschaften in der Nachricht
- Die Selbstkundgabe; das, was der Sender mit der Botschaft über sich selbst als Person aussagt

Diese vier Aspekte sind in jeder Nachricht, und sei sie auch noch so einfach (zum Beispiel: „Wo ist der Bericht über das Projekt XY?"), enthalten. Leider weiß man nie so genau, welcher der vier Seiten beim Empfänger hauptsächlich angekommen ist, da wir analog zu den vier Seiten einer Nachricht auch vier Ohren zum Empfang der unterschiedlichen Aspekte haben. Und was wir hören, hängt eben nicht nur vom Sender ab, sondern auch von der Sensibilität unserer vier Ohren (ausführliche Darstellung bei Schulz von Thun, „Miteinander Reden", Band 1).

Gesendete Nachricht ≠ empfangene Nachricht

Das Nachrichtenquadrat ist eine gute Sache, allerdings etwas zu komplex für die meisten Menschen, um es in einer Konfliktsituation unmittelbar anzuwenden. Da hilft es, sich eine generelle Strategie für solcherlei Situationen im Vorfeld zurechtzulegen und auch schon mal zu üben. Der Kern dieser Strategie ist die Konzentration auf den Aspekt der Selbstkundgabe einer Nachricht. Sie erinnern sich: Die Selbstkundgabe verrät uns etwas über die Persönlichkeit unseres Gegenübers. Wenn mir jemand also etwas Freches an den Kopf wirft, so kann ich dies vor allem mit meinem Beziehungs-Ohr hören und bin entsprechend verärgert oder beleidigt. Ich kann aber auch vor allem mit meinem Selbstkundgabe-Ohr hören! Dann bleibe ich als Person, und damit auch zum Großteil mit meinen Emotionen, außen vor und konzentriere mich darauf, was mein Gegenüber über sich selbst sagt. Ich kann mich durch die Konzentration auf den Selbstkundgabe-Aspekt der Nachricht ein Stück weit immun gegenüber Angriffen machen. Egal, was man mir an den Kopf wirft, es hat nichts mit mir, sondern vor allem etwas mit meinem Gegenüber zu tun: „Aha, das Thema scheint Herrn XY aber sehr nahezugehen." Oder: „Mmh, hat Frau XY keine andere Möglichkeit sich zu artikulieren, als so zu schreien?" Oder: „Oh, da habe ich wohl den wunden Punkt von Herrn XY getroffen." Sie können aber natürlich auch positive Selbstkundgaben hören: „Ihr ist das Thema so wichtig, dass sie zur Not mit allen Mitteln kämpfen wird." Oder: „Sein Engagement für die Sache scheint aus tiefster Überzeugung heraus zu kommen."

Sich vor Angriffen des Konfliktpartners schützen

Doch Vorsicht! Dieser „Trick" kann natürlich schnell übertrieben werden. Wenn ich vorwiegend auf dem Selbstkundgabe-Ohr höre, schneide ich mich emotional gegebenenfalls von meiner Umwelt ab und verwehre mir selbst Entwicklungsmöglichkeiten, da kein Feedback mehr an mich herankommt. Daher sollte man die alleinige Fokussierung auf die Selbstkundgabe meines Gegenübers nur in Maßen nutzen. Positiv verwendet kann dieser Trick aber dazu genutzt werden, sich vor Angriffen des Gegenübers zu schützen und sein Augenmerk auf die Interessen hinter den Angriffen zu richten.

8.7 Ich bin in einer Verteidigungshaltung und reagiere nur noch. Wie komme ich wieder in die Aktion?

Dies ist eine Situation, die man zum einen mit einem ähnlichen Vorgehen lösen kann, wie schon im Abschnitt „Ich bin guten Willens, aber mein Gegenüber schaltet auf stur" dargestellt wurde: Fragen und aktives Zuhören. Das bedeutet vor allem, sich dem aktuellen Gesprächsmuster von „Angriff und Verteidigung" zu entziehen. Man kann aber auch noch versuchen, das Gegenüber zum Denken für die eigene Sache einzuladen. Wenn Ihnen also entgegengehalten wird, dass Ihr Vorschlag unrealistisch sei, bitten Sie Ihr Gegenüber um realistische Vorschläge: „Wenn Sie an meiner Stelle wären, wie würden Sie denn die Sache angehen?" Und achten Sie darauf, dass Ihr Gegenüber nun nicht nur seine Position anbietet, sondern dass er wirklich versucht, auf der Grundlage Ihrer Interessen einen Vorschlag zu entwickeln: „Also, gehen wir einmal davon aus, dass Ihnen, so wie mir ganz aktuell, eine vorzeitige Bezahlung der Rechnung wichtig wäre, weil Sie unerwarteten Verpflichtungen nachkommen müssen. Welche Ideen würden Ihnen zum Dilemma ‚Vereinbarte Zahlungsfristen versus frühzeitige Bezahlung' einfallen?"

Generell gilt es, das Spiel „Angriff – Verteidigung" zu ignorieren und die gemeinsame Intelligenz zur Erreichung beider Ziele zu nutzen (siehe auch Kapitel 5 „Die sachliche Ebene" und insbesondere 5.2 „Wie funktioniert eine Win-win-Lösung?").

Epilog

Sie haben sich intensiv mit sich selbst, dem sachlichen Inhalt des Konfliktes und auch mit Ihrer sozialen Umwelt auseinandergesetzt. Damit haben Sie einiges an Zeit und Aufwand in die Lösung des Konfliktes investiert, der nun hoffentlich gelöst und/oder auf dem Weg zur Lösung ist. Wenn es soweit ist, dass der Konflikt mehr oder weniger gelöst ist, dann ist es auch Zeit, den Konflikt loszulassen. Wie eingangs erwähnt, fängt ein Konflikt immer im Kopf eines Menschen an, und hier endet er dementsprechend auch. Natürlich bleiben Erfahrungen, Eindrücke und vielleicht auch offene Fragen übrig, doch vom Konflikt sollten Sie sich – wenn es Zeit ist – verabschieden. Auch dies ist eine Aufgabe, die nur Sie selbst bewältigen können. Als Unterstützung zum Loslassen möchte ich Ihnen folgende Geschichte anbieten und mich damit bei Ihnen für heute verabschieden.

Zwei buddhistische Mönche waren auf ihrem Weg zurück zum Kloster. Dabei kamen sie an einen Fluss. Dort stand eine junge Frau mit kostbaren Kleidern, die ebenfalls über den Fluss wollte. Da das Wasser sehr tief war, konnte sie den Fluss nicht durchqueren, ohne dass ihre Kleider nass würden. Ohne zu zögern ging einer der Mönche auf die Frau zu, bot seine Hilfe an und hob sie auf seinen Rücken. Mit der Frau auf seinem Rücken watete der Mönch durch das Wasser und setzte sie auf der anderen Flussseite trocken wieder ab. Die Frau bedankte sich und ging ihres Weges. Nachdem der andere Mönch auch durch den Fluss gewatet war, setzten die beiden ihre Wanderung schweigend bis zum Kloster fort. Am Kloster angekommen, wurden sie von ihrem Abt begrüßt, der sich nach dem Verlauf ihrer Reise erkundigte. Nun brach es aus dem einen Mönch hervor: „Mein Bruder hier hat gegen unsere heiligen

Regeln verstoßen. Er hat an einem Fluss eine Frau auf seinen Rücken gehoben, um sie trockenen Fußes auf die andere Seite zu bringen. Und das, obwohl uns der Kontakt zu Frauen ausdrücklich untersagt ist!"

Der Abt hörte sich die Geschichte aufmerksam an und ließ sich das Geschehene vom zweiten Mönch bestätigen. Dann sprach er zum ersten Mönch: „Dein Bruder hat die Frau bereits vor Stunden am Fluss abgesetzt. Du aber trägst sie immer noch mit dir herum."

(Überlieferung, Quelle unbekannt)

Literaturverzeichnis

Bandler, Richard/Grinder, John: *Metasprache und Psychothera-pie. Die Struktur der Magie I,* Junfermann Verlag, Paderborn 1981

Bandler, Richard/Grinder, John: *Reframing. Ein ökologischer Ansatz in der Psychotherapie (NLP),* Junfermann Verlag, Paderborn 1985

Ciompi, Luc: *Gefühle, Affekte, Affektlogik. Ihr Stellenwert in unserem Menschen- und Weltverständnis,* Picus Verlag, Wien 2002

Cohn, Ruth C.: *Von der Psychoanalyse zur themenzentrierten Interaktion. Von der Behandlung einzelner zu einer Pädagogik für alle,* Klett-Cotta Verlag, Stuttgart 1997

Covey, Stephen: *Sieben Wege zur Effektivität,* GABAL Verlag, Offenbach 2011

Dilts, Robert: *Die Veränderung von Glaubenssystemen,* Junfermann Verlag, Paderborn 1993

Fisher, Roger/Ury, William/Patton, Bruce: *Das Harvard-Konzept: sachgerecht verhandeln – erfolgreich verhandeln,* Campus Verlag, Frankfurt/M. 1984

Goleman, Daniel: *Emotionale Intelligenz,* Hanser Verlag, München 1995

Hertel, A.v./Vovsik, W./Fischer, R./Wiese, J.: http://www.adr-blog.de/wp-content/uploads/2008/06/zeittafel-mediation.pdf

Korzybski, Alfred: *Science and Sanity. An Introduction to Non-Aristotelian Systems and General Semantics,* Institute of General Semantics, 1933

Löhmer, Cornelia/Standhardt, Rüdiger: *Themenzentrierte Interaktion. Die Kunst, sich selbst und eine Gruppe zu leiten (TZI)*, PAL Verlagsgesellschaft, Mannheim 1992

Merten, Jörg: *Einführung in die Emotionspsychologie*, Kohlhammer Verlag, Stuttgart 2003

Plutchik, Robert: *Emotions and Life. Perspectives from psychology, biology, and evolution*, American Psychological Association, Washington 2003

Rogers, Carl R.: *Die nicht-direktive Beratung. Counseling and psychotherapy*, Fischer-Taschenbuch-Verlag, Frankfurt/M. 1985

Schandry, Rainer: *Biologische Psychologie*, Beltz PVU, Weinheim 2006

Schulz von Thun, Friedemann: *Miteinander Reden*, Band 1, Rowohlt Taschenbuch Verlag, Reinbek bei Hamburg 1981

Tajfel, Henri/Turner, John C.: *An integrative theory of intergroup conflict*, In: W.C. Austin/S. Worchel (Hrsg.), The Social Psychology of Intergroup Relations, Brooks/Cole, Monterey 1979

Watzlawick, Paul/Beavin, Janet H./Jackson, Don D.: *Menschliche Kommunikation. Formen – Störungen – Paradoxien*, Huber Verlag, Bern 2011

Watzlawick, Paul: *Anleitung zum Unglücklichsein*, Piper Verlag, München 1983

Weerth, Rupprecht: *NLP & Imagination. Grundannahmen, Methoden, Möglichkeiten und Grenzen*, Junfermann Verlag, Paderborn 1992

Stichwortverzeichnis

Über den Autor

Jörg Middendorf ist Leiter des BCO Büro für Coaching und Organisationsberatung in Frechen bei Köln. Schwerpunkt seiner Ausbildung als Diplom-Psychologe an der Universität Münster und der University of Kent (GB) war von Anfang an die Förderung der Zusammenarbeit und des Zusammenlebens von Menschen. Er ist sowohl ausgebildeter Supervisor (DGSF), zertifizierter Coach (DVNLP), ausgebildeter Mediator (CfM) wie auch NLP Master Practitioner (DVNLP).

Im beruflichen Alltag anwenden konnte er dieses Wissen zuerst als Organisationspsychologe bei der Bayer AG und anschließend als interner Coach bei McKinsey & Company, Inc. Seit 2003 leitet er das BCO und hat sich seitdem auf die Themen Business Coaching, Mediation und die Arbeit mit Gruppen spezialisiert.

Ein besonderes Anliegen in der Arbeit des BCO und von Jörg Middendorf ist der ressourcen- und lösungsorientierte Ansatz in der Beratung. Ausgangspunkt ist die Erkenntnis, dass Menschen viel einfacher durch die Konzentration auf ihre Stärken lernen können als durch die Fokussierung auf Defizite und Schwächen. Dieses Prinzip wird auch in der Mediationsarbeit mit Konfliktparteien umgesetzt, was Schwarzer-Peter-Spiele verhindert und zu nachhaltigen Lösungen führt.

Darüber hinaus gibt Jörg Middendorf seit 2002 die jährlich stattfindende Coaching-Umfrage Deutschland (www.coaching-umfrage.de) heraus, um mehr Transparenz sowohl für Coaches wie auch für Coaching-Kunden in den deutschen Coaching-Markt zu bringen.

Weitere Informationen zu den Arbeitsfeldern des BCO und von Jörg Middendorf finden Sie unter www.bco-koeln.de oder erhalten Sie per E-Mail unter folgender Adresse: info@bco-koeln.de